ESSENTIALS SERIES
BILINGUAL BOOK COLLECTION / DWUJĘZYCZNA KOLEKCJA KSIĄŻEK

UNDERSTANDING
WORLD
RELIGIONS

ENGLISH/POLISH EDITION

Learn about the most popular religions
to practice reading in English!

*Poznaj najpopularniejsze religie
aby ćwiczyć czytanie po angielsku!*

LEARN ENGLISH FAST WITH ANGELINE

ESSENTIALS SERIES
Bilingual Book Collection
UNDERSTANDING WORLD RELIGIONS
ENGLISH/POLISH EDITION

This Book Belongs To:

_____

Dedicated To You!

BY: ANGELINE POMPEI

Disclaimer

Disclaimer Notice:

Please note the information contained within this document is for adult educational and entertainment purposes only. The stories, books and videos in the Learn English Fast Series contain adult situations and subject matter intended for those 18 years or older. The author or publisher also cannot claim the accuracy of the contents or information in this book, including the accuracy of the translations as interpretation is involved. Read at your own risk. All books and songs in the Learn English Fast Book Series and video content created by Learn English Fast With Angeline Inc., Angeline Authentic Inc., Angie's Kitchen and/or Angeline Pompei is intended and created for an adult audience 18+ years or older. Some songs, written by the author in the Learn English Fast Series may have explicit lyrics which are not suitable for a younger audience. Under no circumstances will any blame or legal responsibility be held against the publisher, author, music producer or others involved for any damages, including but not limited to misinformation, reparation, emotional, physical, psychological or bodily harm, or for monetary loss due to the information contained within this book, either directly or indirectly.

Wyłączenie odpowiedzialności:
Należy pamiętać, że informacje zawarte w tym dokumencie są przeznaczone wyłącznie do celów edukacyjnych i rozrywkowych dla dorosłych. Historie, książki i filmy z serii Learn English Fast zawierają sytuacje i tematy dla dorosłych przeznaczone dla osób powyżej 18 roku życia. Autor ani wydawca nie mogą również zagwarantować dokładności treści lub informacji zawartych w tej książce, w tym dokładności tłumaczeń, ponieważ w grę wchodzi tłumaczenie ustne. Czytasz na własne ryzyko. Wszystkie książki i piosenki z serii Learn English Fast Book Series, Bilingual Productions i treści wideo stworzone przez Learn English Fast With Angeline Inc., Angeline Authentic Inc., Angie's Kitchen i/lub Angeline Pompei są przeznaczone i stworzone dla dorosłych odbiorców w wieku 18+ lub starszych. Niektóre piosenki napisane przez autora w serii Learn English Fast mogą zawierać wyraźne teksty, które nie są odpowiednie dla młodszych odbiorców. W żadnym wypadku wydawca, autor, producent muzyczny lub inne zaangażowane osoby nie ponoszą winy ani odpowiedzialności prawnej za jakiekolwiek szkody, w tym między innymi za błędne informacje, zadośćuczynienie, szkody emocjonalne, fizyczne, psychiczne lub cielesne, ani za straty pieniężne wynikające z informacji zawartych w tej książce, bezpośrednio lub pośrednio.

Legal Notice:
This book is copyright protected. It is only for personal use. You cannot amend, distribute, sell, use, quote or paraphrase any part, or the content within this book, without the consent of the author or publisher. The content contained within this book may not be reproduced, duplicated or transmitted without direct written permission from the author or the publisher. © Copyright 2023 Angeline Pompei / Learn English Fast With Angeline Inc. All rights reserved. No part of this publication may be reproduced, stored or transmitted in any form or by any means, electronic, mechanical, photocopying, recording, scanning, or otherwise without written permission from the publisher o author. It is illegal to copy this book, post it to a website, or distribute it by any other means without permission.

Nota prawna:
Ta książka jest chroniona prawem autorskim. Jest przeznaczona wyłącznie do użytku osobistego. Nie można zmieniać, rozpowszechniać, sprzedawać, wykorzystywać, cytować lub parafrazować jakiejkolwiek części lub treści tej książki bez zgody autora lub wydawcy. Treści zawarte w tej książce nie mogą być powielane, kopiowane ani przekazywane bez bezpośredniej pisemnej zgody autora lub wydawcy. © Copyright 2023 Angeline Pompei / Learn English Fast With Angeline Inc. Wszelkie prawa zastrzeżone. Żadna część niniejszej publikacji nie może być powielana, przechowywana lub przekazywana w jakiejkolwiek formie lub w jakikolwiek sposób, elektroniczny, mechaniczny, fotokopiując, nagrywając, skanując lub w inny sposób bez pisemnej zgody wydawcy lub autora. Kopiowanie tej książki, umieszczanie jej na stronie internetowej lub rozpowszechnianie w jakikolwiek inny sposób bez zezwolenia jest niezgodne z prawem.

Preface

Do you want to practice your English and learn about different religions at the same time?
Chcesz ćwiczyć swój angielski i jednocześnie poznawać różne religie?

Maybe you want to know where religions got started.
Być może chcesz wiedzieć, skąd wzięły się religie.

Travel the world of religions and practice your English from the comfort of your sofa with this book!
Podróżuj po świecie religii i dzięki tej książce ćwicz swój angielski w zaciszu kanapy!

This book is completely bilingual, so you don't have to leave the book to look up the translation of a word in English, that you don't understand.
Ta książka jest całkowicie dwujęzyczna, więc nie musisz jej opuszczać, aby znaleźć tłumaczenie w języku angielskim słowa, którego nie rozumiesz.

World Religions will teach you about the top ten religions around the world.
Religie świata nauczą cię o dziesięciu najważniejszych religiach na całym świecie.

You'll learn all about how different people practice their religion.
Dowiesz się wszystkiego o tym, jak różni ludzie praktykują swoją religię.

Inside, you'll also discover:
Wewnątrz znajdziesz również:

• How Christianity, Islam, and Judaism are so different, but also similar.
• *Jak bardzo chrześcijaństwo, islam i judaizm różnią się od siebie, ale też jak są do siebie podobne.*

• How Buddhism, Hinduism, and Taoism got started in the Far East.
• *Jak buddyzm, hinduizm i taoizm powstały na Dalekim Wschodzie.*

• Why so many Hollywood stars are Scientologists.
• *Dlaczego tak wiele hollywoodzkich gwiazd jest scjentologami?*

• How Atheists believe in no gods at all.
• *Jak to jest, że ateiści nie wierzą w żadnych bogów.*

Discover new traditions, learn more about the world, and practice your English!
Odkryj nowe tradycje, dowiedz się więcej o świecie i ćwicz swój angielski!

Contents

Atheism 13
Buddhism 21
Christianity 29
Confucianism 37
Hinduism 45
Islam 53
Judaism 61
Scientology 69
Sikhism 77
Taoism 85
Thank You 95

Atheism

Atheists do not consider atheism a religion, but ironically, it is protected under many of the same rights and laws as religion.
Ateiści nie uważają ateizmu za religię, ale jak na ironię, jest to chronione przez wiele tych samych praw i przepisów, co religia.

Atheism is, simply put, a lack of belief in a god or gods.
Ateizm to, mówiąc najprościej, brak wiary w boga lub bogów.

Atheists assert that atheism is not a disbelief in gods or a rejection of gods but an absence of belief in gods.
Ateiści twierdzą, że ateizm nie jest niewiarą w bogów lub odrzuceniem bogów, ale brakiem wiary w bogów.

A common misconception is that people become atheists because they are angry with God.
Powszechnym błędnym przekonaniem jest to, że ludzie stają się ateistami, ponieważ są źli na Boga.

This is simply not true.
To po prostu nieprawda.

Most people choose atheism because they cannot find empirical evidence that God exists.
Większość ludzi wybiera ateizm, ponieważ nie mogą znaleźć empirycznych dowodów na istnienie Boga.

Atheism is not a new concept, but it has become less taboo to be an atheist.
Ateizm nie jest nową koncepcją, ale bycie ateistą stało się mniej tabu.

Throughout history, religion has played a major role, and those who declared their disbelief in God were punished by imprisonment or death.
W całej historii religia odgrywała ważną rolę, a ci, którzy deklarowali niewiarę w Boga, byli karani więzieniem lub śmiercią.

As a result, atheists tended to stay in the shadows.
W rezultacie ateiści zwykle pozostawali w cieniu.

In the early 18th century, there was growing disbelief in religion, and nearing the end of the century, scholars and philosophers in England, Germany, and France had begun to challenge religious leaders and religious beliefs.

Na początku XVIII wieku rosła niewiara w religię, a pod koniec wieku uczeni i filozofowie w Anglii, Niemczech i Francji zaczęli kwestionować przywódców religijnych i przekonania religijne.

They began to share their ideas of human and individual rights and freedoms.
Zaczęli dzielić się swoimi ideami dotyczącymi praw i wolności człowieka i jednostki.

This all led to the French Revolution, which gave atheism a moment in the spotlight, but it didn't last.
Wszystko to doprowadziło do rewolucji francuskiej, która dała ateizmowi chwilę w centrum uwagi, choć nie trwało to długo.

After that, small pockets of atheists popped up over the next century.
Następnie w ciągu kolejnego stulecia pojawiły się małe grupy ateistów.

Most notable were the early feminists in England and the United States who stated that religion of any kind was a barrier to achieving women's rights.
Najbardziej godne uwagi były wczesne feministki w Anglii i Stanach Zjednoczonych, które stwierdziły, że religia jakiegokolwiek rodzaju była przeszkodą w osiągnięciu praw kobiet.

But it was Darwin's theory regarding the natural world that made the age of freethought possible.
Jednak to teoria Darwina dotycząca świata przyrody umożliwiła nastanie ery wolnomyślicielstwa.

A rise in atheism helped to secure the separation of the church from the state in most Western countries, which was probably beneficial to both.
Wzrost ateizmu pomógł zapewnić rozdział kościoła od państwa w większości krajów zachodnich, co prawdopodobnie było korzystne dla obu stron.

The events of September 11, 2001, demonstrated the negative impact of religion and catapulted atheists into action, criticizing religions.
Wydarzenia z 11 września 2001 r. pokazały negatywny wpływ religii i katapultowały ateistów do działania, krytykując religie.

Out of this emerged two sides of the atheist coin.
Z tego wyłoniły się dwie strony ateistycznej monety.

On the one hand, were atheists who freely criticized all forms of religion and religious belief.

Z jednej strony byli ateiści, którzy swobodnie krytykowali wszelkie formy religii i przekonań religijnych.

On the other hand, a more humanistic atheism tried to delineate between benevolent and destructive forms of religions and sought to find common ground.
Z drugiej strony, bardziej humanistyczny ateizm próbował rozgraniczyć dobroczynne i destrukcyjne formy religii i starał się znaleźć wspólną płaszczyznę.

Did you know that Harry Potter actor, Daniel Radcliffe, identifies as an atheist?
Czy wiesz, że aktor Harry'ego Pottera, Daniel Radcliffe, identyfikuje się jako ateista?

Although he was raised by a Jewish mom and a Protestant father, Radcliffe chose to be an atheist saying that humans are complex and can change often, and religion does not leave any space for that.
Chociaż został wychowany przez żydowską matkę i protestanckiego ojca, Radcliffe zdecydował się być ateistą, mówiąc, że ludzie są złożeni i mogą się często zmieniać, a religia nie pozostawia na to miejsca.

Astronomer and astrophysicist Neil deGrasse Tyson also considers himself an atheist.
Astronom i astrofizyk Neil deGrasse Tyson również uważa się za ateistę.

He believes that in many instances, a divine entity is invoked in religion when its founders or religious scholars have reached the limits of their understanding and do not have the necessary knowledge to answer particular questions.
Uważa on, że w wielu przypadkach boska istota jest przywoływana w religii, gdy jej założyciele lub uczeni religijni osiągnęli granice swojego zrozumienia i nie mają niezbędnej wiedzy, aby odpowiedzieć na konkretne pytania.

Main Beliefs and Traditions

Główne wierzenia i tradycje

In most instances, when you want to know or understand the beliefs of a particular religion, you focus on the sacred texts, but atheists do not have a main text (probably because they don't consider themselves a religion) or central figurehead or church.
W większości przypadków, gdy chcesz poznać lub zrozumieć wierzenia danej religii, skupiasz się na świętych tekstach, ale ateiści nie mają głównego tekstu (prawdopodobnie dlatego, że nie uważają się za religię) ani centralnej postaci lub kościoła.

This does not mean that atheists have no code of ethics or moral values.
Nie oznacza to, że ateiści nie mają kodeksu etycznego lub wartości moralnych.

It simply means that they are unique to each person.
Oznacza to po prostu, że są one unikalne dla każdej osoby.

There is more to atheism than simply a disbelief in God.
Ateizm to coś więcej niż tylko niewiara w Boga.

Atheists believe that this physical universe and the natural world is the only one there is.
Ateiści wierzą, że ten fizyczny wszechświat i świat przyrody jest jedynym, jaki istnieje.

They don't believe that everything has been discovered or explored in this world, but they don't believe in another (mystical or supernatural) realm.
Nie wierzą, że wszystko zostało odkryte lub zbadane na tym świecie, ale nie wierzą w inny (mistyczny lub nadprzyrodzony) świat.

This means there is no belief in God or spirits or ghosts of any kind.
Oznacza to, że nie ma wiary w Boga, duchy lub duchy jakiegokolwiek rodzaju.

They are simply honored to be a part of this world and its many wonders.
Są po prostu zaszczyceni, że mogą być częścią tego świata i jego wielu cudów.

Tied to this is the atheist belief that there is only this one life, and it is yours alone.
Wiąże się z tym ateistyczne przekonanie, że istnieje tylko jedno życie i jest ono tylko twoje.

The time you have to live should be lived well and considered precious.
Czas, który masz do przeżycia, powinien być przeżyty dobrze i uważany jest za cenny.

They do not believe in reincarnation or life after death.
Nie wierzą w reinkarnację ani życie po śmierci.

As such, they seek to enjoy and appreciate the moments of this life.
W związku z tym starają się cieszyć i doceniać chwile tego życia.

Though there is no book on ethics and ethical behavior, atheists place great importance on behaving ethically.
Chociaż nie ma książki na temat etyki i etycznego zachowania, ateiści przywiązują dużą wagę do etycznego postępowania.

For them, behaving ethically is logical.
Dla nich etyczne postępowanie jest logiczne.

An ethical world would be safer, easier to live in, and better for everyone.
Etyczny świat byłby bezpieczniejszy, łatwiejszy do życia i lepszy dla wszystkich.

Like other religions, atheists would love to reside in a world where everyone is treated fairly and equally and without harm.
Podobnie jak inne religie, ateiści chcieliby żyć w świecie, w którym wszyscy są traktowani sprawiedliwie, równo i bez krzywdy.

For atheists, disbelief in God comes with great responsibility.
Dla ateistów niewiara w Boga wiąże się z wielką odpowiedzialnością.

You no longer have a divine being to hold responsible for your actions, behaviors, or beliefs or hand over your problems to.
Nie masz już boskiej istoty, którą mógłbyś obarczać odpowiedzialnością za swoje działania, zachowania czy przekonania lub której mógłbyś przekazywać swoje problemy.

You are now solely responsible for yourself.
Jesteś teraz odpowiedzialny wyłącznie za siebie.

It encourages you to be more productive and to seek your own solutions to problems.
To zachęca do bycia bardziej produktywnym i szukania własnych rozwiązań problemów.

Meaning and purpose in life do not have to come from God.
Sens i cel życia nie muszą pochodzić od Boga.

Atheists believe that you can find your own purpose in life.
Ateiści wierzą, że można znaleźć swój własny cel w życiu.

It may not be easy, but eventually, you will find it.
Może to nie być łatwe, ale w końcu to znajdziesz.

More importantly, who says your life only has to have one purpose or meaning?
Co ważniejsze, kto powiedział, że twoje życie musi mieć tylko jeden cel lub sens?

Why can't you have multiple?
Dlaczego nie można mieć kilku?

As you age and grow and mature, your purpose may shift, and the journey is always worthwhile.
W miarę starzenia się, rozwoju i dojrzewania cel może się zmieniać, a podróż zawsze jest warta zachodu.

It should be noted that most atheists do not think that all religions are the same or that they are all equally destructive.
Należy zauważyć, że większość ateistów nie uważa, że wszystkie religie są takie same lub że wszystkie są równie destrukcyjne.

For the most part, atheists are happy to work with progressive and positive religious groups against the effects of fundamentalist and destructive beliefs.
W większości przypadków ateiści z radością współpracują z postępowymi i pozytywnymi grupami religijnymi przeciwko skutkom fundamentalistycznych i destrukcyjnych wierzeń.

Festivals and Celebrations

Festiwale i uroczystości

Because atheism does not consider itself a religion and there is no organized church, it is not surprising that you won't find any major festivals associated with atheism.
Ponieważ ateizm nie uważa się za religię i nie ma zorganizowanego kościoła, nie jest zaskakujące, że nie znajdziesz żadnych większych festiwali związanych z ateizmem.

Most atheists celebrate the major national holidays like everyone else.
Większość ateistów obchodzi główne święta narodowe jak wszyscy inni.

The National Day of Reason, however, is a secular celebration that occurs on the first Thursday in May each year.
Narodowy Dzień Rozsądku jest jednak świeckim świętem obchodzonym w pierwszy czwartek maja każdego roku.

This day was created by the American Humanist Association in response to the National Day of Prayer observed in the United States, which atheists believe is unconstitutional since it violates First Amendment rights.

Dzień ten został stworzony przez Amerykańskie Stowarzyszenie Humanistyczne w odpowiedzi na obchodzony w Stanach Zjednoczonych Narodowy Dzień Modlitwy, który zdaniem ateistów jest niezgodny z konstytucją, ponieważ narusza prawa wynikające z Pierwszej Poprawki.

Over time, this Day of Reason has gained official recognition.

Z czasem Dzień Rozsądku zyskał oficjalne uznanie.

On this day, food drives and blood donations are held, as well as marches and other secular celebrations.

W tym dniu organizowane są zbiórki żywności i krwi, a także marsze i inne świeckie uroczystości.

Buddhism

Buddhism was founded by Siddhartha Gautama around 2,500 years ago in India.
Buddyzm został założony przez Siddharthę Gautamę około 2500 lat temu w Indiach.

There are currently about 470 million followers of the Buddhist faith, most of whom are in China, India, Nepal, Japan, Thailand, and Myanmar (History.com Editors, 2020).
Obecnie istnieje około 470 milionów wyznawców buddyzmu, z których większość mieszka w Chinach, Indiach, Nepalu, Japonii, Tajlandii i Myanmie (History.com Editors, 2020).

Though it has always been prominent in East and South Asia, the teachings of Buddhism are gaining popularity in the West.
Choć buddyzm zawsze był popularny w Azji Wschodniej i Południowej, jego nauki zyskują coraz większą popularność na Zachodzie.

Siddhartha Gautama, who later became known as "the Buddha," was an Indian prince born in what is known as present-day Nepal.
Siddhartha Gautama, który później stał się znany jako "Budda", był indyjskim księciem urodzonym na terenie dzisiejszego Nepalu.

He led a life of luxury and affluence but was deeply affected by the poverty and suffering he saw in the world around him.
Prowadził życie w luksusie i dostatku, ale był głęboko dotknięty ubóstwem i cierpieniem, które widział w otaczającym go świecie.

As a result, he chose to renounce his wealthy lifestyle and live in poverty.
W rezultacie zdecydował się porzucić swój bogaty styl życia i żyć w ubóstwie.

This life of poverty did not fulfill him, and he sought to find what is now known as the "Middle Way." He wanted to find a way to live without attachment to material things but without necessarily living in deprivation.
To życie w ubóstwie nie spełniło go i szukał tego, co obecnie znane jest jako "Środkowa Droga". Chciał znaleźć sposób na życie bez przywiązania do rzeczy materialnych, ale niekoniecznie żyjąc w niedostatku.

It is believed that after searching for six years, he gained enlightenment while meditating under a Bodhi tree.
Uważa się, że po sześciu latach poszukiwań osiągnął oświecenie medytując pod drzewem Bodhi.

After reaching enlightenment, Siddhartha Gautama spent his entire life teaching others how to attain this spiritual state.
Po osiągnięciu oświecenia Siddhartha Gautama spędził całe swoje życie ucząc innych, jak osiągnąć ten duchowy stan.

After his death, the followers of Gautama created a religious movement to share the teachings of the Buddha; this is what is now known as Buddhism.
Po jego śmierci zwolennicy Gautamy stworzyli ruch religijny, aby dzielić się naukami Buddy; to jest to, co jest obecnie znane jako buddyzm.

The Indian Emperor Asoka made Buddhism the state religion India in the third century B.C.E. after which Buddhism began to spread outside of India.

Indyjski cesarz Asoka uczynił buddyzm religią państwową Indii w trzecim wieku przed naszą erą, po czym buddyzm zaczął rozprzestrzeniać się poza Indie.

The invasion of the Huns destroyed many of the Buddhist temples in India, and the spread of Islam in the Middle Ages pushed Buddhism to the background.
Inwazja Hunów zniszczyła wiele buddyjskich świątyń w Indiach, a rozprzestrzenianie się islamu w średniowieczu zepchnęło buddyzm na dalszy plan.

Today, there are three forms of Buddhism throughout the world.
Obecnie na świecie istnieją trzy formy buddyzmu.

Theravada Buddhism can be found in Thailand, Sri Lanka, Cambodia, Laos, and Burma.
Buddyzm Theravada można znaleźć w Tajlandii, Sri Lance, Kambodży, Laosie i Myanmie.

Mahayana Buddhism prevails in China, Japan, Taiwan, Korea, Singapore, and Vietnam.
Buddyzm mahajana dominuje w Chinach, Japonii, Tajwanie, Korei, Singapurze i Wietnamie.

Tibetan Buddhism can be found in Tibet, Nepal, Mongolia, Bhutan, northern India, and parts of Russia.
Buddyzm tybetański można znaleźć w Tybecie, Nepalu, Mongolii, Bhutanie, północnych Indiach i części Rosji.

The main difference among the forms is how they interpret the teachings of the Buddha.
Główną różnicą między tymi formami jest sposób, w jaki interpretują one nauki Buddy.

Main Beliefs and Traditions

Główne wierzenia i tradycje

The Buddha's most important teachings are known as the Four Noble Truths and are the foundation for understanding and practicing Buddhism.
Najważniejsze nauki Buddy znane są jako Cztery Szlachetne Prawdy i stanowią podstawę zrozumienia i praktykowania buddyzmu.

These truths are:
Prawdy te są następujące:

- Suffering or dukkha: Once you are alive, there will be suffering, whether it is physical, emotional, or mental.
- *Cierpienie lub dukkha: Kiedy żyjesz, będziesz odczuwał cierpienie, czy to fizyczne, emocjonalne czy psychiczne.*

- The cause of suffering or samudaya: All suffering comes from the desire that stems from ignorance, hatred, or greed.
- *Przyczyna cierpienia lub samudaya: Całe cierpienie pochodzi z pragnienia, które wynika z ignorancji, nienawiści lub chciwości.*

- The end of suffering or nirodha: To end your suffering you must liberate yourself from this misplaced desire
.• *Koniec cierpienia lub nirodha: Aby zakończyć cierpienie, musisz wyzwolić się z tego niewłaściwego pragnienia.*

- The path to ending suffering or magga: You can end your suffering by following the Eightfold Path to enlightenment (right understanding, right thought, right speech, right action, right livelihood, right effort, right mindfulness, and right concentration).
- *Ścieżka do zakończenia cierpienia lub magga: Możesz zakończyć swoje cierpienie podążając Ośmioraką Ścieżką do oświecenia (właściwe zrozumienie, właściwa myśl, właściwa mowa, właściwe działanie, właściwe utrzymanie, właściwy wysiłek, właściwa uważność i właściwa koncentracja).*

Buddhists believe that by following this Eightfold Path, you can achieve nirvana, or a state of spiritual joy, free of negative emotions.
Buddyści wierzą, że podążając Ośmioraką Ścieżką, można osiągnąć nirwanę, czyli stan duchowej radości, wolny od negatywnych emocji.

They may believe in divine beings but do not pray to a specific god.
Ludzie *mogą wierzyć w boskie istoty, ale nie modlą się do konkretnego boga.*

Their ultimate goal is to achieve nirvana.
Ich ostatecznym celem jest osiągnięcie nirwany.

As such, Buddhism does not confirm or deny the existence of God or Gods.
Jako taki, buddyzm nie potwierdza ani nie zaprzecza istnieniu Boga lub bogów.

Until a person achieves nirvana, Buddhists believe they will endure a continuous cycle of birth, death, and rebirth which will be determined by one's karma or actions and deeds.
Dopóki dana osoba nie osiągnie nirwany, buddyści wierzą, że będzie znosić ciągły cykl narodzin, śmierci i odrodzenia, który będzie determinowany przez karmę lub działania i czyny danej osoby.

Tibetan Buddhists believe the time between death and rebirth is about 49 days.
Buddyści tybetańscy wierzą, że czas między śmiercią a odrodzeniem wynosi około 49 dni.

One of their sacred texts, or sutras, the Tibetan Book of the Dead, is meant to guide an individual through the stages of life and death.
Jeden z ich świętych tekstów lub sutr, Tybetańska Księga Umarłych, ma na celu przeprowadzenie jednostki przez etapy życia i śmierci.

The passages from this text are recited to a recently deceased person to aid in their transition to their next life.
Fragmenty tego tekstu są recytowane niedawno zmarłej osobie, aby pomóc jej w przejściu do następnego życia.

Possibly the main sutra is the Pali Canon, which is the earliest collection of Buddha's teachings.
Prawdopodobnie główną sutrą jest Kanon Palijski, który jest najwcześniejszym zbiorem nauk Buddy.

It is also called the Tipitaka or "Three Baskets" because it has three parts.
Nazywana jest również Tipitaką lub "Trzema Koszami", ponieważ składa się z trzech części.

Another sutra is the Mahayana Sutras which are a compilation of over 2,000 sutras that discuss topics particular to Mahayana Buddhism.

Inną sutrą są Sutry Mahajany, które są kompilacją ponad 2000 sutr omawiających tematy szczególne dla buddyzmu mahajany.

Most Buddhists live by a particular code of ethics or dharma.
Większość buddystów żyje według określonego kodeksu etycznego lub dharmy.

This code is followed as part of everyday life and is to guide the practitioner.
Kodeks ten jest przestrzegany jako część codziennego życia i ma na celu kierowanie praktykiem.

It is referred to as the Five Precepts and are guidelines for what should not be done.
Określa się je mianem Pięciu Przykazań i stanowią one wytyczne dotyczące tego, czego nie należy robić.

These include:
Obejmują one:

- Taking a life
- *Odbieranie życia*

- Taking what is not • given
- *Branie tego, co nie jest dane*

- Sexual misconduct
- *Niewłaściwe zachowanie seksualne*

- Lying
- *Kłamstwo*

- Using drugs or alcohol
- *Używanie narkotyków lub alkoholu*

As part of their reverence for the Buddha, followers of Buddhism practice puja in their homes or temples.
W ramach oddawania czci Buddzie, wyznawcy buddyzmu praktykują pudżę w swoich domach lub świątyniach.

Puja involves offering gifts and flowers to show respect.
Pudża obejmuje ofiarowanie prezentów i kwiatów, aby okazać szacunek.

They also practice meditation, which is a key component of Buddhism.
Praktykują również medytację, która jest kluczowym elementem buddyzmu.

Meditation is done to enhance concentration and mindfulness and to help the follower move closer to enlightenment.
Medytacja jest wykonywana w celu zwiększenia koncentracji i uważności oraz aby pomóc wyznawcy zbliżyć się do oświecenia.

Chanting is also a common Buddhist practice that is often done with meditation.
Śpiewanie jest również powszechną praktyką buddyjską, którą często wykonuje się wraz z medytacją.

Normally phrases from sacred texts or mantras are chanted.
Zazwyczaj intonowane są frazy ze świętych tekstów lub mantr.

Did you know that Tibetan Buddhist monks make intricate patterns out of colored sand, known as mandalas, as part of mindfulness practice?
Czy wiesz, że tybetańscy mnisi buddyjscy tworzą skomplikowane wzory z kolorowego piasku, znane jako mandale, jako część praktyki uważności?

These patterns can take days to make and require significant concentration.
Wykonanie tych wzorów może zająć kilka dni i wymaga znacznej koncentracji.

Once the mandala is finished, it is brushed away and placed in flowing water.
Po ukończeniu mandali jest ona szczotkowana i umieszczana w płynącej wodzie.

This action serves as a reminder that nothing is permanent and that attachment will lead to suffering, preventing you from attaining nirvana.
Działanie to służy jako przypomnienie, że nic nie jest trwałe, a przywiązanie prowadzi do cierpienia, uniemożliwiając osiągnięcie nirwany.

Festivals and Celebrations

Festiwale i uroczystości

One of the most important Buddhist festivals is Wesak.
Jednym z najważniejszych festiwali buddyjskich jest Wesak.

This is said to be the day that the Buddha was born, achieved enlightenment, and died.
Mówi się, że jest to dzień, w którym Budda urodził się, osiągnął oświecenie i zmarł.

This festival is also known as Buddha day in the West and Vaisakha in Thailand.
Festiwal ten znany jest również jako Dzień Buddy na Zachodzie i Vaisakha w Tajlandii.

On this occasion, Buddhists visit their temple or monastery, make offerings, and listen to discourses on the life of the Buddha and the path to enlightenment.
Z tej okazji buddyści odwiedzają swoje świątynie lub klasztory, składają ofiary i słuchają wykładów na temat życia Buddy i ścieżki do oświecenia.

This event is celebrated on the full moon day in May each year.
Wydarzenie to obchodzone jest w dniu pełni księżyca w maju każdego roku.

Buddhists also take part in a ceremony known as Uposatha at each quarter of the moon.
Buddyści biorą również udział w ceremonii znanej jako Uposatha przy każdej kwadrze księżyca.

This ceremony is a way for Buddhists to reaffirm their commitment to the teachings and ways of the Buddha.
Ceremonia ta jest dla buddystów sposobem na potwierdzenie ich zaangażowania w nauki i drogi Buddy.

Christianity

Did you know that Christianity is the largest religion in the world?
Czy wiesz, że chrześcijaństwo jest największą religią na świecie?

In fact, it has over 2 billion followers worldwide.
W rzeczywistości ma ponad 2 miliardy wyznawców na całym świecie.

Christianity is considered to be an Abrahamic faith which simply means it follows the God of Abraham.
Chrześcijaństwo jest uważane za wiarę Abrahama, co oznacza po prostu, że podąża za Bogiem Abrahamem.

It is based on the life, death, and teachings of Jesus Christ of Nazareth.
Opiera się na życiu, śmierci i naukach Jezusa Chrystusa z Nazaretu.

Christians believe that Jesus Christ was both human and divine.
Chrześcijanie wierzą, że Jezus Chrystus był zarówno człowiekiem, jak i istotą boską.

Jesus was born to a young Jewish woman, Mary, via the Holy Spirit.
Jezus narodził się z Marii, młodej Żydówki, za sprawą Ducha Świętego.

Not much is known about his early life, but around age 30, Jesus began to share his beliefs and teachings after being baptized by John the Baptist.
Niewiele wiadomo o jego wczesnym życiu, ale około 30 roku życia Jezus zaczął dzielić się swoimi przekonaniami i naukami po tym, jak został ochrzczony przez Jana Chrzciciela.

After a few years, he named twelve disciples who became the Twelve Apostles.
Po kilku latach wyznaczył dwunastu uczniów, którzy stali się Dwunastoma Apostołami.

During his time preaching, Jesus was said to have performed many miracles, including healing a leper and walking on water.
Mówi się, że podczas głoszenia kazań Jezus dokonywał wielu cudów, w tym uzdrowienia trędowatego i chodzenia po wodzie.

Did you know Jesus was considered to be a rebel?
Czy wiesz, że Jezus był uważany za buntownika?

He was arrested by Roman authorities for his teachings around 30 C.E. because his teachings were said to be rebellious.
Został aresztowany przez władze rzymskie za swoje nauki około 30 roku n.e., ponieważ jego nauki uznano za buntownicze.

Unfortunately, he was sentenced to death for his beliefs.
Niestety za swoje przekonania został skazany na śmierć.

He was crucified in Jerusalem.
Został ukrzyżowany w Jerozolimie.

Three days after his death, his body went missing.
Trzy dni po jego śmierci jego ciało zaginęło.

Christians believe that Jesus was resurrected, and many of his followers said he appeared to them before ascending to heaven.
Chrześcijanie wierzą, że Jezus zmartwychwstał, a wielu jego naśladowców twierdzi, że ukazał się im przed wstąpieniem do nieba.

Most early Christians were Jewish converts, and the main church was in Jerusalem.
Większość pierwszych chrześcijan była nawróconymi Żydami, a główny kościół znajdował się w Jerozolimie.

In fact, Christianity was considered an offshoot of Judaism for almost 100 years.
W rzeczywistości chrześcijaństwo było uważane za odgałęzienie judaizmu przez prawie 100 lat.

Many who converted to Christianity were persecuted by Roman authorities in those early days.
Wielu nawróconych na chrześcijaństwo było prześladowanych przez władze rzymskie w tamtych wczesnych czasach.

It wasn't until 312, when the Roman Emperor Constantine converted to Christianity, that the persecution ended.
Prześladowania zakończyły się dopiero w 312 r., kiedy rzymski cesarz Konstantyn nawrócił się na chrześcijaństwo.

The Roman Empire was responsible for spreading Christianity to Europe and then spreading it to their colonies throughout the world.
Imperium Rzymskie było odpowiedzialne za szerzenie chrześcijaństwa w Europie, a następnie w swoich koloniach na całym świecie.

Today, Christianity is found in many parts of the world, including Europe, the United States, Russia, South America, and southern Africa.
Obecnie chrześcijaństwo można znaleźć w wielu częściach świata, w tym w Europie, Stanach Zjednoczonych, Rosji, Ameryce Południowej i południowej Afryce.

Main Beliefs and Traditions
Główne wierzenia i tradycje

Christianity is a monotheistic religion which means that Christians believe that there is only one God.
Chrześcijaństwo jest religią monoteistyczną, co oznacza, że chrześcijanie wierzą, że istnieje tylko jeden Bóg.

They believe that Jesus Christ is the Son of God and is part of the Trinity.
Wierzą, że Jezus Chrystus jest Synem Bożym i częścią Trójcy Świętej.

God as the creator, Jesus as the Son of God, and the Holy Spirit as the guide make up the Trinity.
Bóg jako Stwórca, Jezus jako Syn Boży i Duch Święty jako przewodnik tworzą Trójcę Świętą.

The holy text of the Christians is the Bible.
Świętym tekstem chrześcijan jest Biblia.

The first part of the Bible is the Old Testament, written between 1200 and 100 B.C.E.
Pierwszą częścią Biblii jest Stary Testament, napisany między 1200 a 100 rokiem p.n.e..

It describes the history of the Jewish people, including the laws and stories of the prophets.
Opisuje historię narodu żydowskiego, w tym prawa i historie proroków.

The second part of the Bible is the New Testament, written by Jesus' disciples after his death.
Drugą częścią Biblii jest Nowy Testament, napisany przez uczniów Jezusa po jego śmierci.

The New Testament focuses on the life, death, resurrection, and teachings of Jesus Christ.
Nowy Testament koncentruje się na życiu, śmierci, zmartwychwstaniu i naukach Jezusa Chrystusa.

The first four books of the New Testament are known as the Gospels or "Good News" and speak of the life and death of Jesus.
Pierwsze cztery księgi Nowego Testamentu znane są jako Ewangelie lub "Dobra Nowina" i opowiadają o życiu i śmierci Jezusa.

Then there are the letters written by early Christian leaders.
Są też listy napisane przez wczesnych przywódców chrześcijańskich.

The Acts of the Apostles provide information on the ministry of the apostles after the death of Jesus.
Dzieje Apostolskie dostarczają informacji na temat posługi apostołów po śmierci Jezusa.

The last book in the New Testament is Revelation which is a prophecy of what is to come at the end of the world.
Ostatnią księgą Nowego Testamentu jest Objawienie, które jest przepowiednią tego, co ma nadejść na końcu świata.

Christians practice the teachings of Jesus by following his tenets: to love others as you love yourself, to forgive others, to seek forgiveness for any sins committed, and to care for the poor and needy, all while loving God above all else.
Chrześcijanie praktykują nauki Jezusa, postępując zgodnie z jego zasadami: kochać innych tak, jak siebie samego, przebaczać innym, szukać przebaczenia za popełnione grzechy oraz troszczyć się o biednych i potrzebujących, a wszystko to kochając Boga ponad wszystko.

These teachings are shared with followers during church services, where people gather to pray.
Nauki te są przekazywane wyznawcom podczas mszy świętych, na których ludzie gromadzą się, by się modlić.

It is led by a church leader or priest and includes hymns, Bible readings, and a sermon.
Jest ono prowadzone przez przywódcę kościoła lub księdza i obejmuje pieśni, czytania biblijne i kazanie.

In many services, the Eucharist is a main part of the activities.
W wielu nabożeństwach Eucharystia jest główną częścią aktywności.

The Eucharist is like a meal during the service where bread and wine or grape juice are served to the congregation.
Eucharystia jest jak posiłek podczas nabożeństwa, podczas którego zgromadzonym podaje się chleb i wino lub sok winogronowy.

This meal is in memory of Jesus' last supper with his disciples.
Posiłek ten upamiętnia ostatnią wieczerzę Jezusa z uczniami.

Some branches of Christianity believe the bread and wine to be symbols of the body and blood of Christ.
Niektóre odłamy chrześcijaństwa wierzą, że chleb i wino są symbolami ciała i krwi Chrystusa.

The Eucharist is also referred to as Holy Communion.
Eucharystia jest również nazywana Komunią Świętą.

To be considered a Christian, you must be baptized into the church.
Aby zostać uznanym za chrześcijanina, musisz zostać ochrzczony w kościele.

During this ritual, a priest or religious leader will sprinkle water over the person's head as a symbol of being reborn into the faith.
Podczas tego rytuału kapłan lub przywódca religijny skrapia głowę osoby wodą jako symbolem odrodzenia się w wierze.

Baptism is often performed in infancy but can be done as an adult.
Chrzest jest często udzielany w niemowlęctwie, ale można go również udzielić osobie dorosłej.

Christians also believe in the afterlife.
Chrześcijanie również wierzą w życie pozagrobowe.

This belief stems from the story of Jesus' resurrection.
Wiara ta wywodzi się z historii zmartwychwstania Jezusa.

It is believed that there is life after death in heaven with God.
Wierzy się, że istnieje życie po śmierci w niebie z Bogiem.

Festivals and Celebrations

Festiwale i uroczystości

Though there are many celebrations in the Christian calendar, the major festivals are Lent, Easter, and Christmas.
Chociaż w kalendarzu chrześcijańskim jest wiele świąt, najważniejsze z nich to Wielki Post, Wielkanoc i Boże Narodzenie.

Lent is a 40-day period of fasting that begins on Ash Wednesday and ends on Holy Thursday.
Wielki Post to 40-dniowy okres postu, który rozpoczyna się w Środę Popielcową, a kończy w Wielki Czwartek.

Lent is in memory of Jesus Christ who is said to have fasted for 40 days in the desert.
Wielki Post upamiętnia Jezusa Chrystusa, o którym mówi się, że pościł przez 40 dni na pustyni.

During this time, some Christians fast by giving up something they love for 40 days.
W tym czasie niektórzy chrześcijanie poszczą, rezygnując na 40 dni z czegoś, co kochają.

Many do not eat meat during this time.
Wiele osób nie je mięsa w tym czasie.

They are also asked to give to the poor and to renew their faith in God and the church.
Prosi się ich również o wsparcie ubogich i odnowienie wiary w Boga i Kościół.

Easter is a celebration of the resurrection of Jesus Christ.
Wielkanoc jest świętem zmartwychwstania Jezusa Chrystusa.

On Easter, Christians attend special church services and come together as families to have meals and end their period of fasting.
W Wielkanoc chrześcijanie uczestniczą w specjalnych nabożeństwach i spotykają się jako rodziny, aby zjeść posiłki i zakończyć okres postu.

Special foods like hot cross buns and Easter bread are eaten during these festivities.
Podczas tych świąt spożywa się specjalne potrawy, takie jak bułeczki z gorącym krzyżem i chleb wielkanocny.

Today, Easter egg hunts and decorating Easter eggs have become a popular part of Easter activities.
Obecnie tworzenie pisanek, szukanie jajek oraz ich dekorowanie stało się popularną częścią wielkanocnych zajęć.

Did you know that Easter egg decorating began in the 13th century?
Czy wiesz, że dekorowanie jajek wielkanocnych rozpoczęło się w XIII wieku?

The church banned eating eggs during Holy Week, so to identify the eggs laid during this time, they were painted and decorated so as not to be eaten.
Kościół zakazywał jedzenia jajek w Wielkim Tygodniu, więc aby zidentyfikować jajka złożone w tym czasie, malowano je i dekorowano tak, aby nie można ich było zjeść.

Christmas is celebrated by Christians worldwide.
Boże Narodzenie jest obchodzone przez chrześcijan na całym świecie.

It is in commemoration of the birth of Jesus.
Jest to upamiętnienie narodzin Jezusa.

During Christmas, Christians attend church and listen to retellings of the birth of Christ.
W okresie Bożego Narodzenia chrześcijanie uczęszczają do kościoła i słuchają opowieści o narodzinach Chrystusa.

Children receive presents, and families gather together to eat and celebrate.
Dzieci otrzymują prezenty, a rodziny spotykają się, aby wspólnie zjeść i świętować.

For most, Christmas is celebrated on December 25, but Orthodox Christians observe the holiday on January 6, which is the Epiphany.
Dla większości Boże Narodzenie obchodzone jest 25 grudnia, ale prawosławni chrześcijanie obchodzą to święto 6 stycznia, czyli w Święto Trzech Króli.

It is the day when Jesus was revealed to the world.
Jest to dzień, w którym Jezus został objawiony światu.

Confucianism

Considered to be one of the major religious traditions of China, Confucianism has existed side by side with Buddhism and Taoism for centuries.
Uważany za jedną z głównych tradycji religijnych Chin, konfucjanizm przez wieki istniał obok buddyzmu i taoizmu.

This is a Chinese philosophy made popular by the Chinese philosopher Confucius.
Jest to chińska filozofia spopularyzowana przez chińskiego filozofa Konfucjusza.

It is considered a way of life as opposed to an organized religion.
Jest uważana za sposób na życie, w przeciwieństwie do zorganizowanej religii.

In addition to China, the influence of Confucian thought can be seen in Korea, Japan, and Vietnam.
Oprócz Chin, wpływ myśli konfucjańskiej można zaobserwować w Korei, Japonii i Wietnamie.

Emperor Wu Dei made Confucianism the official state ideology during the Han dynasty.
Cesarz Wu Dei uczynił konfucjanizm oficjalną ideologią państwową w czasach dynastii Han.

Confucianism is partially part of political thought, as well as an ethical guide and a scholarly tradition, all of which make it a way of life.
Konfucjanizm jest częściowo częścią myśli politycznej, a także przewodnikiem etycznym i tradycją naukową, co czyni go sposobem na życie.

It is deeply human-centered and has left its stamp on education, society, family, and government, particularly in Asia.
Jest głęboko skoncentrowany na człowieku i odcisnął swoje piętno na edukacji, społeczeństwie, rodzinie i rządzie, szczególnie w Azji.

Confucius cannot be considered the founder of the tradition in the same way that Siddhartha Gautama was the founder of Buddhism.
Konfucjusza nie można uznać za założyciela tradycji w taki sam sposób, w jaki Siddhartha Gautama był założycielem buddyzmu.

Confucius saw himself as more of a channel through which the order and structure of the past could be recreated.

Konfucjusz postrzegał siebie bardziej jako kanał, przez który można odtworzyć porządek i strukturę przeszłości.

He spent years understanding the past and searching for roots which he attributed to a person's need for belonging and communicating.
Spędził lata na zrozumieniu przeszłości i poszukiwaniu korzeni, które przypisywał ludzkiej potrzebie przynależności i komunikacji.

He strongly believed in culture as a collective power.
Mocno wierzył w kulturę jako siłę zbiorową.

Confucius refused to believe that wealth and power should determine the status quo.
Konfucjusz nie wierzył, że bogactwo i władza powinny decydować o statusie quo.

He sought to restore the institutions he saw as necessary for political stability and social order, which included the state, the community, the school, and the family.
Dążył do przywrócenia instytucji, które uważał za niezbędne dla stabilności politycznej i porządku społecznego, w tym państwa, społeczności, szkoły i rodziny.

He meant to rejuvenate these through virtue or de, which he saw as necessary for good leadership, as well as personal dignity, community solidarity, and social and political order.
Zamierzał odmłodzić je poprzez cnotę lub czyn, które uważał za niezbędne dla dobrego przywództwa, a także godności osobistej, solidarności wspólnotowej oraz porządku społecznego i politycznego.

Main Beliefs and Traditions

Główne wierzenia i tradycje

Confucius' teachings and philosophy are based on the idealized vision of past Chinese religion and rituals.
Nauki i filozofia Konfucjusza opierają się na wyidealizowanej wizji dawnej chińskiej religii i rytuałów.

He saw these rituals as the moral center of Chinese society.
Postrzegał te rytuały jako moralne centrum chińskiego społeczeństwa.

For him, rituals were patterns of behavior that had developed over centuries of human wisdom.
Dla niego rytuały były wzorcami zachowań, które rozwinęły się przez wieki ludzkiej mądrości.

Rituals went beyond the scope of religion for Confucius.
Dla Konfucjusza rytuały wykraczały poza zakres religii.

It also included social codes and accepted behaviors within society.
Obejmowały one również kody społeczne i zachowania akceptowane w społeczeństwie.

He believed these to be the foundation of a civilized and ordered society.
Uważał je za fundament cywilizowanego i uporządkowanego społeczeństwa.

In Confucian theory, all relationships had a set of defined roles, rules, and obligations which each person should understand and adhere to.
W teorii konfucjańskiej wszystkie relacje miały zestaw określonych ról, zasad i obowiązków, które każda osoba powinna rozumieć i których powinna przestrzegać.

These roles include the individual and the family, all the way to the state agents and the government.
Role te obejmują jednostkę i rodzinę, aż po pracowników państwowych i rząd.

Confucian values eventually became part of the state ideology and were used to ensure law and order, as well as the status quo.
Wartości konfucjańskie ostatecznie stały się częścią ideologii państwowej i były wykorzystywane do zapewnienia prawa i porządku, a także statusu quo.

In addition to the emphasis on strict social rituals, Confucianism also emphasizes the importance of ren or humaneness.
Oprócz nacisku na ścisłe rytuały społeczne, konfucjanizm podkreśla również znaczenie ren lub człowieczeństwa.

Confucianists believe that having ren prevents a ritual from being meaningless.
Konfucjaniści wierzą, że posiadanie ren zapobiega pozbawieniu rytuału znaczenia.

It can be seen as the ethics of the ritual, and helps to build an individual's character.
Może być postrzegana jako etyka rytuału i pomaga budować charakter jednostki.

So, one part of Confucianism ensures order and conformity to social roles, while the other focuses on nurturing the character and principles of the individual.
Tak więc jedna część konfucjanizmu zapewnia porządek i zgodność z rolami społecznymi, podczas gdy druga koncentruje się na pielęgnowaniu charakteru i zasad jednostki.

Completing actions with ren means that family members treat each other with kindness, consideration, and respect.
Wykonywanie działań z ren oznacza, że członkowie rodziny traktują się nawzajem z życzliwością, rozwagą i szacunkiem.

The ruler should be considered a father to the people and look after their needs.
Władca powinien być uważany za ojca ludu i dbać o jego potrzeby.

Devotion to family is a key part of ren.
Przywiązanie do rodziny jest kluczową częścią ren.

That can mean obedience to parental authority or ancestor worship.
Może to oznaczać posłuszeństwo władzy rodzicielskiej lub kult przodków.

Additionally, practitioners of Confucianism follow the Five Virtues: justice, wisdom, charity, loyalty, and propriety.
Ponadto wyznawcy konfucjanizmu kierują się Pięcioma Cnotami: sprawiedliwością, mądrością, miłosierdziem, lojalnością i przyzwoitością.

These Virtues helped determine a person's character regardless of their status or class.
Cnoty te pomagały określić charakter danej osoby, niezależnie od jej statusu czy klasy.

They also applied to how a ruler governed the people.
Odnosiły się one również do sposobu, w jaki władca rządził ludźmi.

The idea was that if the ruler followed these Virtues, then so too would the people, leading to a harmonious and ordered society.
Chodziło o to, że jeśli władca będzie postępował zgodnie z tymi cnotami, to ludzie również będą postępować zgodnie z nimi, co doprowadzi do harmonijnego i uporządkowanego społeczeństwa.

Underneath it all, the central teaching of Confucianism is that a person should have good morals and an ethical character.
Pod tym wszystkim kryje się główna nauka konfucjanizmu, że człowiek powinien mieć dobrą moralność i etyczny charakter.

This affects the people and the world around the individual and determines whether or not the individual is in harmony with the universe.
Wpływa to na ludzi i świat wokół jednostki i określa, czy jednostka jest w harmonii z wszechświatem.

So, if the ruler is perfect in their morality, their rule will be compassionate and peaceful.
Tak więc, jeśli władca jest doskonały w swojej moralności, jego rządy będą współczujące i pokojowe.

Confucianists believe natural disasters and wars occur when we do not follow these strict codes of behavior and ethics.
Konfucjaniści uważają, że klęski żywiołowe i wojny pojawiają się, gdy nie przestrzegamy tych surowych kodeksów zachowania i etyki.

Festivals and Celebrations

Festiwale i uroczystości

The most significant festival in Confucianism is the birthday of Confucius on September 28th each year.
Najważniejszym świętem w konfucjanizmie są urodziny Konfucjusza obchodzone 28 września każdego roku.

During this festival, people pay their respects to Confucius, and the holiday lasts for ten days.
Podczas tego festiwalu ludzie oddają szacunek Konfucjuszowi, a święto trwa dziesięć dni.

Like other Eastern religions, Confucianism also celebrates the Chinese New Year on January 31st, which ends in the Lantern Festival.
Podobnie jak inne religie Wschodu, konfucjanizm również obchodzi Chiński Nowy Rok 31 stycznia, który kończy się Festiwalem Latarni.

This event includes major street festivities with parades and fireworks.
Wydarzenie to obejmuje główne uroczystości uliczne z paradami i fajerwerkami.

Families also give gifts of money to each other in red envelopes.
Rodziny przekazują sobie również prezenty pieniężne w czerwonych kopertach.

Because Confucianism pays reverence to ancestors and ancestor worship, Ching Ming, or Ancestor Day, is a holiday dedicated to paying respect to the ancestors.

Ponieważ konfucjanizm oddaje cześć przodkom i kultowi przodków, Ching Ming, czyli Dzień Przodków, jest świętem poświęconym oddawaniu szacunku przodkom.

On this day, Confucianists visit the tombs or graves of their ancestors, where they clean the tombs and offer gifts.
W tym dniu konfucjaniści odwiedzają groby swoich przodków, sprzątają je i składają dary.

On Qingming, another day dedicated to the ancestors, people visit the graves of their ancestors to offer paper money, cloth and food.
W Qingming, kolejny dzień poświęcony przodkom, ludzie odwiedzają groby swoich przodków, aby ofiarować papierowe pieniądze, tkaniny i jedzenie.

Other traditions present food after the ceremony is complete but Confucianists offer the food during the rituals.
Inne tradycje podają jedzenie po zakończeniu ceremonii, ale konfucjaniści oferują jedzenie podczas rytuałów.

Hinduism

Hinduism is one of the oldest religions in the world.
Hinduizm jest jedną z najstarszych religii na świecie.

It is also the world's third-largest religion, with about 900 million followers.
Jest to również trzecia co do wielkości religia na świecie, z około 900 milionami wyznawców.

About 95% of the world's Hindus live in India (History.com Editors, 2019).
Około 95% wyznawców hinduizmu na świecie mieszka w Indiach (History.com Editors, 2019).

Did you know that what we call Hinduism today is, in fact, a large collection of beliefs and traditions that have merged and changed over time?
Czy wiesz, że to, co dziś nazywamy hinduizmem, jest w rzeczywistości dużym zbiorem wierzeń i tradycji, które z czasem połączyły się i zmieniły?

Unlike Christianity and Islam, Hinduism has no one founder or central religious figurehead.
W przeciwieństwie do chrześcijaństwa i islamu, hinduizm nie ma jednego założyciela ani centralnej postaci religijnej.

It is believed to have begun about 4,000 years ago in Northern India near the Indus valley.
Uważa się, że rozpoczął się około 4000 lat temu w północnych Indiach w pobliżu doliny Indusu.

Hinduism is as diverse as the number of people that practice it.
Hinduizm jest tak różnorodny, jak liczba ludzi, którzy go praktykują.

Each region in India may practice slightly different beliefs, but they are all considered to be under the Hindu umbrella.
Każdy region Indii może praktykować nieco inne wierzenia, ale wszystkie są uważane za hinduistyczne.

Main Beliefs and Traditions
Główne wierzenia i tradycje

Hinduism has many sacred texts as opposed to just one, but the primary texts considered the source of all other teachings are called the Vedas.
Hinduizm ma wiele świętych tekstów, a nie tylko jeden, ale podstawowe teksty uważane za źródło wszystkich innych nauk nazywane są Wedami.

They were written around 1500 B.C.E. and are a compilation of hymns and verses in Sanskrit.
Zostały one napisane około 1500 roku p.n.e. i są kompilacją hymnów i wersetów w sanskrycie.

The Vedas are comprised of four texts.
Wedy składają się z czterech tekstów.

Hindus believe these holy texts are timeless and have no beginning or end.
Hinduiści wierzą, że te święte teksty są ponadczasowe i nie mają początku ani końca.

One of the most popular Hindu texts is the Ramayana which tells the story of Ram and Sita.
Jednym z najpopularniejszych tekstów hinduskich jest Ramajana, która opowiada historię Ramy i Sity.

Hindus believe in Brahman, or the supreme soul.
Hinduiści wierzą w Brahmana, czyli najwyższą duszę.

It has no shape or form.
Nie ma ona kształtu ani formy.

Brahman is said to be the origin of all things and is everywhere and in everything.
Mówi się, że Brahman jest źródłem wszystkich rzeczy i jest wszędzie oraz we wszystkim.

A part of Brahman lives in each person and is known as the soul.
Część Brahmana żyje w każdej osobie i jest znana jako dusza.

When a person dies, it is believed that the soul does not die with the body but is reborn into another life following the rules of his karma (actions).
Kiedy dana osoba umiera, wierzy się, że dusza nie umiera wraz z ciałem, ale odradza się w innym życiu zgodnie z zasadami jego karmy (działań).

This is called reincarnation and is a fundamental tenet of Hinduism.
Nazywa się to reinkarnacją i jest fundamentalną zasadą hinduizmu.

According to karma, every action affects a person's life and determines where the soul will be reborn.
Zgodnie z karmą, każde działanie wpływa na życie danej osoby i określa, gdzie dusza się odrodzi.

After many lives and many good actions, the soul can free itself of the cycle of reincarnation and reunite with Brahman.
Po wielu żywotach i wielu dobrych uczynkach dusza może uwolnić się od cyklu reinkarnacji i ponownie połączyć się z Brahmanem.

This is called moksha (liberation).
Nazywa się to moksha (wyzwolenie).

It is difficult to imagine a divine being with no shape or form.
Trudno jest wyobrazić sobie boską istotę bez kształtu i formy.

As such, Hinduism has many representations of Brahman in the form of gods and goddesses, each with unique qualities to make them accessible.
W związku z tym hinduizm ma wiele reprezentacji Brahmana w postaci bogów i bogiń, z których każdy ma unikalne cechy, które czynią go dostępnym.

The main forms are Brahma, Vishnu, and Shiva.
Głównymi formami są Brahma, Wisznu i Śiwa.

Together they form the Holy Trinity.
Razem tworzą Trójcę Świętą.

Brahma is considered to be the creator of the world.
Brahma jest uważany za stwórcę świata.

He is depicted with four arms and four faces and sits on a swan.
Jest on przedstawiony z czterema ramionami i czterema twarzami i siedzi na łabędziu.

His divine consort is Saraswati, the Goddess of knowledge, speech, and music.
Jego boską małżonką jest Saraswati, bogini wiedzy, mowy i muzyki.

Vishnu is the preserver of the universe.
Wisznu jest strażnikiem wszechświata.

He appears in the world in human form when evil threatens to destroy good.
Pojawia się na świecie w ludzkiej postaci, gdy zło grozi zniszczeniem dobra.

These forms are known as avatars.
Formy te znane są jako awatary.

In Hindu beliefs, Vishnu has already appeared nine times, with his most well-known forms being Ram and Krishna.
W wierzeniach hinduistycznych Wisznu pojawił się już dziewięć razy, a jego najbardziej znanymi postaciami są Rama i Kryszna.

Vishnu appears blue like the sky since he is all-pervading.
Wisznu jest niebieski jak niebo, ponieważ jest wszechprzenikający.

His consort is Lakshmi, the Goddess of light and wealth.
Jego małżonką jest Lakszmi, bogini światła i bogactwa.

Shiva is the cosmic destroyer.
Śiwa jest kosmicznym niszczycielem.

He removes evil so that good can prevail.
Usuwa zło, aby dobro mogło zwyciężyć.

His consort is Parvati, the earth goddess.
Jego małżonką jest Parvati, bogini ziemi.

Their son, Ganesha, is said to be the remover of all obstacles and is one of the most beloved deities in the Hindu pantheon.
Mówi się, że ich syn, Ganesha, usuwa wszelkie przeszkody i jest jednym z najbardziej ukochanych bóstw w hinduskim panteonie.

Many Hindu sects are formed along the lines of which aspect of God they worship.
Wiele sekt hinduistycznych powstaje w zależności od tego, który aspekt Boga czczą.

Shaivism is for those who follow Shiva.
Śiwaizm jest dla tych, którzy podążają za Śiwą.

Vaishnavism are followers of Vishnu.
Vaisznawowie są wyznawcami Wisznu.

Shaktism is those who worship God in its female form (goddess).
Saktizm to ci, którzy czczą Boga w jego żeńskiej formie (bogini).

The symbol Om is one of the most sacred in Hinduism.
Symbol Om jest jednym z najświętszych w hinduizmie.

It is made up of three Sanskrit letters and creates the three sounds a, u, and m.
Składa się z trzech liter sanskrytu i tworzy trzy dźwięki: a, u i m.

This sound is said to be the primordial sound from when the universe was created, and it is the vibration from which all other things came.
Mówi się, że dźwięk ten jest pierwotnym dźwiękiem, z którego powstał wszechświat i jest wibracją, z której pochodzą wszystkie inne rzeczy.

Festivals and Celebrations

Festiwale i uroczystości

Hindus offer prayers at home or in places of worship called mandirs.
Hinduiści modlą się w domach lub w miejscach kultu zwanych mandir.

Daily prayer or puja is done at home at a small altar to the god or goddess.
Codzienna modlitwa lub pudża odbywa się w domu przy małym ołtarzu dla boga lub bogini.

There are offerings of food and flowers as part of the prayer.
Częścią modlitwy jest ofiarowanie jedzenia i kwiatów.

On major occasions or festivals, Hindus often worship as a community.
Przy ważnych okazjach lub festiwalach hinduiści często oddają cześć jako społeczność.

Hindus follow the lunar calendar, and there are many festivals and celebrations during the lunar year.
Hindusi przestrzegają kalendarza księżycowego, a w ciągu roku księżycowego odbywa się wiele festiwali i uroczystości.

Holi is a very popular festival that celebrates the start of spring, particularly in Northern India.
Holi to bardzo popularny festiwal, który świętuje początek wiosny, szczególnie w północnych Indiach.

The day is filled with song and dance, and people young and old, throw colored powder at each other as part of the festivities.
Dzień jest wypełniony śpiewem i tańcem, a ludzie młodzi i starzy rzucają w siebie kolorowym proszkiem w ramach uroczystości.

Mahashivratri is a night dedicated to the god Shiva.
Mahashivratri to noc poświęcona bogu Shivie.

Followers of Shiva stay awake all night, offering him food and followers and singing and chanting prayers.
Wyznawcy Śiwy nie śpią przez całą noc, ofiarowując mu jedzenie i wyznawców oraz śpiewając i intonując modlitwy.

It is believed that doing so will help the soul to achieve moksha.
Uważa się, że pomoże to duszy osiągnąć mokshę.

Navratri is a nine-night festival that occurs twice a year, in the spring and fall, in the Hindu calendar.
Navratri to dziewięciodniowy festiwal, który odbywa się dwa razy w roku, wiosną i jesienią, w kalendarzu hinduskim.

This festival is dedicated to the worship of Brahman in the form of a goddess.
Festiwal ten poświęcony jest czczeniu Brahmana w postaci bogini.

It is meant to be a celebration of fertility and harvest.
Ma to być święto płodności i zbiorów.

The most well-known Hindu festival is likely Diwali or the Festival of Lights.
Najbardziej znanym hinduskim świętem jest prawdopodobnie Diwali, czyli Festiwal Świateł.

This festival usually happens between mid-October and mid-November, when the sky is at its darkest before the new moon.
Festiwal ten zwykle odbywa się między połową października a połową listopada, kiedy niebo jest najciemniejsze przed nowiem księżyca.

In preparation for this auspicious event, homes are cleaned, and everyone is given new clothes to wear.
W ramach przygotowań do tego pomyślnego wydarzenia domy są sprzątane, a wszyscy otrzymują nowe ubrania.

In India, children are given a day off from school and receive gifts and treats.
W Indiach dzieci mają dzień wolny od szkoły i otrzymują prezenty i smakołyki.

On the night of Diwali, families light small clay lamps called diyas to welcome Lakshmi, the Goddess of light and wealth into their homes.
W noc Diwali rodziny zapalają małe gliniane lampki zwane diyas, aby powitać w swoich domach Lakshmi, boginię światła i bogactwa.

It also celebrates the triumph of good over evil when Ram defeated the evil king Ravana.
Świętuje również triumf dobra nad złem, gdy Ram pokonał złego króla Ravanę.

The celebration ends with fireworks displays.
Uroczystość kończy się pokazem sztucznych ogni.

Islam

It's interesting to note that Islam is one of the youngest religions in the world yet, it is the second-largest religion worldwide.
Warto zauważyć, że islam jest jedną z najmłodszych religii na świecie, a mimo to jest drugą co do wielkości religią na świecie.

There are about 1.8 billion Muslims worldwide.
Na całym świecie jest około 1,8 miliarda muzułmanów.

The majority of Muslims are in the Middle East and Northern Africa.
Większość muzułmanów mieszka na Bliskim Wschodzie i w Afryce Północnej.

However, there are about 4.6 million Muslims in North America (History.com Editors, 2018a).
W Ameryce Północnej mieszka jednak około 4,6 miliona muzułmanów (History.com Editors, 2018a).

Like Christianity and Judaism, Islam is a monotheistic faith.
Podobnie jak chrześcijaństwo i judaizm, islam jest wiarą monoteistyczną.

Islam was founded in Mecca in what was once part of Arabia by Muhammad in the 7th century and recognizes Allah as God.
Islam został założony w Mekce w dawnej części Arabii przez Mahometa w VII wieku i uznaje Allaha za Boga.

Muhammad is considered to be a prophet.
Mahomet jest uważany za proroka.

Allah was said to have been revealed to Muhammad by the angel Gabriel while praying in a cave.
Mówi się, że Allah został objawiony Mahometowi przez anioła Gabriela podczas modlitwy w jaskini.

The angel then requested that Muhammad recite the words of Allah.
Następnie anioł poprosił Mahometa o wyrecytowanie słów Allaha.

Muhammad began spreading the teachings of Islam throughout Mecca around 613.
Mahomet zaczął szerzyć nauki islamu w Mekce około 613 roku.

He taught his congregation that there was no other god but Allah and that all Muslims should dedicate their lives to his service.

Nauczał swoją kongregację, że nie ma innego boga niż Allah i że wszyscy muzułmanie powinni poświęcić swoje życie jego służbie.

In fact, the word Islam means "submission to the will of God."
W rzeczywistości słowo islam oznacza "poddanie się woli Boga".

Muhammad's journey from Mecca to Medina in 622 is known as Hijra, and this event signifies the start of the Islamic calendar.
Podróż Mahometa z Mekki do Medyny w 622 roku znana jest jako Hidżra i wydarzenie to oznacza początek kalendarza islamskiego.

Muhammad continued to spread the teachings of Islam until his death in 632.
Mahomet kontynuował szerzenie nauk islamu aż do swojej śmierci w 632 roku.

After his death, there were intense arguments over who his successor should be.
Po jego śmierci toczyły się intensywne spory o to, kto powinien zostać jego następcą.

This eventually led to a rift in the religion resulting in the creation of two distinct Islamic sects: the Sunnis and the Shiites.
Ostatecznie doprowadziło to do rozłamu w religii, w wyniku którego powstały dwie odrębne sekty islamskie: sunnici i szyici.

Sunnis comprise about 90% of the world's Muslims, and Shiites have their greatest numbers in Iraq, Iran, and Syria.
Sunnici stanowią około 90% muzułmanów na świecie, a szyici są najliczniejsi w Iraku, Iranie i Syrii.

Of course, within these two sects, there are some smaller groups: Wahhabi (Sunni), Alawite (Shiite), Nation of Islam (Sunni), and Kharijites (Shiite).
Oczywiście w ramach tych dwóch sekt istnieją mniejsze grupy: Wahhabi (sunnici), Alawici (szyici), Naród Islamu (sunnici) i Kharijici (szyici).

Despite their individual sects, all Muslims recognize the Kaaba shrine in Mecca as one of their holiest places.
Pomimo istnienia poszczególnych sekt, wszyscy muzułmanie uznają świątynię Kaaba w Mekce za jedno ze swoich najświętszych miejsc.

Additionally, the Al-Aqsa Mosque in Jerusalem and the prophet Muhammad's Mosque in Medina are considered holy places to visit and pray.

Ponadto meczet Al-Aksa w Jerozolimie i meczet proroka Mahometa w Medynie są uważane za święte miejsca koniecznie do odwiedzenia i modlitwy.

Main Beliefs and Traditions
Główne wierzenia i tradycje

Muslims believe that nothing in life can happen without the permission of Allah, and they believe the prophets were sent to teach them Allah's law and will.
Muzułmanie wierzą, że nic w życiu nie może się wydarzyć bez pozwolenia Allaha i wierzą, że prorocy zostali posłani, aby nauczać ich prawa i woli Allaha.

Islam has some of the same prophets as Christians and Jews, like Abraham, Moses, Jesus, and Noah but hold that Muhammad was the last prophet.
Islam ma niektórych z tych samych proroków, co chrześcijanie i Żydzi, takich jak Abraham, Mojżesz, Jezus i Noe, ale utrzymuje, że Mahomet był ostatnim prorokiem.

The words of Allah can be found in the Muslim holy text called the Quran.
Słowa Allaha można znaleźć w muzułmańskim świętym tekście zwanym Koranem.

Followers of the Islamic faith pray to Allah by reciting passages and prayers from the Quran.
Wyznawcy islamu modlą się do Allaha, recytując fragmenty Koranu i modlitwy.

The Quran includes some of the texts found in the Hebrew Bible but also has revelations given to the prophet Muhammad.
Koran zawiera niektóre teksty znalezione w Biblii hebrajskiej, ale także objawienia przekazane prorokowi Mahometowi.

It contains 114 chapters called surahs.
Zawiera 114 rozdziałów zwanych surami.

It is believed that the Quran is the word of God, and nothing that came before can usurp it.
Uważa się, że Koran jest słowem Boga i nic, co było wcześniej, nie może go sobie uzurpować.

Though there is no universal symbol of Islam, the crescent moon and star are used by many as a representation of Islam.

Chociaż nie ma uniwersalnego symbolu islamu, półksiężyc i gwiazda są używane przez wielu jako reprezentacja islamu.

Additionally, the color green is sometimes used as a symbol since it is believed to have been Muhammad's favorite color.
Ponadto kolor zielony jest czasami używany jako symbol, ponieważ uważa się, że był to ulubiony kolor Mahometa.

There are five basic tenets of the Muslim faith.
Istnieje pięć podstawowych zasad wiary muzułmańskiej.

These are known as the Five Pillars of Islam.
Są one znane jako Pięć Filarów Islamu.

They include:
Obejmują one:

- Shahada: declaring belief in Allah and Muhammad.
- *Szahada: deklaracja wiary w Allaha i Mahometa.*

- Salat: praying five times a day.
- *Salat: modlitwa pięć razy dziennie.*

- Zakat: giving charity.
- *Zakat: dawanie jałmużny.*

- Sawm: fasting during the holy month of Ramadan.
- *Sawm: post podczas świętego miesiąca Ramadan.*

- Hajj: making a pilgrimage to Mecca at least once.
- *Hadżdż: odbycie pielgrzymki do Mekki przynajmniej raz.*

Muhammad is said to have built the first mosque at his house in 622.
Mówi się, że Mahomet zbudował pierwszy meczet w swoim domu w 622 roku.

Today, mosques usually have large open spaces, and followers face the direction of Mecca when offering their prayers.
Obecnie meczety mają zazwyczaj duże otwarte przestrzenie, a wierni podczas modlitwy zwróceni są w kierunku Mekki.

Muslims must pray five times a day, and men and women often pray apart from each other, with a screen used to separate them.
Muzułmanie muszą modlić się pięć razy dziennie, a mężczyźni i kobiety często modlą się osobno, oddzielając się parawanem.

Similar to Christianity and Judaism, Muslims firmly believe in life after death and that a day of judgment is still to come.
Podobnie jak chrześcijaństwo i judaizm, muzułmanie mocno wierzą w życie po śmierci i w to, że dzień sądu jeszcze nadejdzie.

They believe that a person who has done good deeds and has led a good life will go to paradise, while those who have not will go to hell.
Wierzą, że osoba, która spełniła dobre uczynki i prowadziła dobre życie, trafi do raju, podczas gdy ci, którzy tego nie zrobili, pójdą do piekła.

They also believe in the concept of jihad meaning, 'struggle.' Recently, this concept has had some negative overtones, but the idea of jihad actually means a Muslim's internal and external endeavors to protect their faith.
Wierzą również w koncepcję dżihadu, co oznacza "walkę". Ostatnio pojęcie to nabrało negatywnego wydźwięku, ale idea dżihadu w rzeczywistości oznacza wewnętrzne i zewnętrzne wysiłki muzułmanów mające na celu ochronę ich wiary.

Festivals and Celebrations

Festiwale i uroczystości

Ramadan is probably one of the more notable events in the Islamic calendar.
Ramadan jest prawdopodobnie jednym z najbardziej znaczących wydarzeń w kalendarzu islamskim.

It is a month-long fast that is one of the Five Pillars of Islam.
Jest to miesięczny post, który jest jednym z pięciu filarów islamu.

Muslims fast every day for the month from sunrise to sunset and are required to abstain from all food and drink.
Muzułmanie poszczą każdego dnia miesiąca od wschodu do zachodu słońca i są zobowiązani do powstrzymania się od wszelkiego jedzenia i picia.

Ramadan is a time of reflection for Muslims and to reconfirm their faith in Allah.
Ramadan to czas refleksji dla muzułmanów i potwierdzenia ich wiary w Allaha.

During this period, extra effort is made to pray five times a day, attend the mosque, and give alms to those in need.
W tym okresie podejmuje się dodatkowy wysiłek, aby modlić się pięć razy dziennie, uczęszczać do meczetu i dawać jałmużnę potrzebującym.

The fast is broken at sunset each day and resumes at sunrise.
Post jest przerywany o zachodzie słońca każdego dnia i wznawiany o wschodzie słońca.

The holy month of Ramadan culminates in the celebration of Eid-ul-Fitr (Eid).
Święty miesiąc Ramadan kończy się świętowaniem Eid-ul-Fitr (Eid).

It is a day of celebration after fasting and is marked with many events including community worship, gift-giving, parties, new clothes, and special food.
Jest to dzień świętowania po poście i jest naznaczony wieloma wydarzeniami, w tym nabożeństwami wspólnotowymi, wręczaniem prezentów, przyjęciami, nowymi ubraniami i specjalnym jedzeniem.

Muslims often visit each other or invite friends to celebrate with them during the festival.
Muzułmanie często odwiedzają się nawzajem lub zapraszają przyjaciół do wspólnego świętowania podczas festiwalu.

A few days before Eid, Muslims give food to those in need so they can have a special meal to signify the end of the fast.
Na kilka dni przed świętem Eid muzułmanie rozdają jedzenie potrzebującym, aby mogli zjeść specjalny posiłek oznaczający koniec postu.

This is known as sadaqah al-fitr or the "charity of fast-breaking."
Jest to znane jako sadaqah al-fitr lub "jałmużna łamania postu".

Seventy days after Eid celebrations Eid-ul-Adha is observed.
Siedemdziesiąt dni po święcie Eid obchodzone jest święto Eid-ul-Adha.

This is known as the Festival of Sacrifice.
Jest to znane jako Festiwal Poświęcenia.

This festival is in commemoration of Abraham's willingness to sacrifice his son to demonstrate his belief and faith in God.
Święto to upamiętnia gotowość Abrahama do poświęcenia syna, aby zademonstrować swoją wiarę w Boga.

It also signifies the end of Hajj (pilgrimage to Mecca).
Oznacza również koniec hadżdż (pielgrzymki do Mekki).

As part of the festival, animals are sacrificed in recognition of Abraham's willingness to sacrifice his only son.
W ramach festiwalu zwierzęta są składane w ofierze w uznaniu gotowości Abrahama do poświęcenia swojego jedynego syna.

Judaism

Judaism has been around for about 3500 years and is one of the world's oldest religions.
Judaizm istnieje od około 3500 lat i jest jedną z najstarszych religii na świecie.

It is a monotheistic religion.
Jest to religia monoteistyczna.

Though it is older than most other religions, it is one of the smallest in the world, with only about 14 million followers of the faith (History.com Editors, 2018b).
Chociaż jest starsza niż większość innych religii, jest jedną z najmniejszych na świecie, z zaledwie około 14 milionami wyznawców (History.com Editors, 2018b).

Those who follow Judaism are called Jews and were once known as Hebrews.
Ci, którzy wyznają judaizm, nazywani są Żydami, a kiedyś byli znani jako Hebrajczycy.

Did you know you are automatically considered Jewish if your mother is a Jew?
Czy wiesz, że jesteś automatycznie uznawany za Żyda, jeśli twoja matka jest Żydówką?

Abraham is said to be the father of the Jewish people, and Jerusalem, the capital of Israel, is considered the holiest city for Jews.
Mówi się, że Abraham jest ojcem narodu żydowskiego, a Jerozolima, stolica Izraela, jest uważana za najświętsze miasto dla Żydów.

Israel is the only country in the world where the majority faith is Judaism.
Izrael jest jedynym krajem na świecie, w którym wiarą większościową jest judaizm.

The only other country with a significant Jewish population is the United States.
Jedynym krajem ze znaczącą populacją żydowską są Stany Zjednoczone.

Over the years, like many other religions, Judaism has branched out into several sects.
Z biegiem lat, podobnie jak wiele innych religii, judaizm podzielił się na kilka sekt.

These include Orthodox Judaism, Reform Judaism, Conservative
Judaism, Reconstructionist Judaism, and Humanistic Judaism.
*Należą do nich judaizm ortodoksyjny, judaizm reformowany, judaizm
konserwatywny, judaizm rekonstrukcjonistyczny i judaizm humanistyczny.*

Though there are several sects, many Jews do not consider themselves
part of any one sect; they simply see themselves as Jewish.
*Chociaż istnieje kilka sekt, wielu Żydów nie uważa się za część żadnej z
nich; po prostu postrzegają siebie jako Żydów.*

Main Beliefs and Traditions

Główne wierzenia i tradycje

Jews believe that there is only one God, Yahweh.
Żydzi wierzą, że istnieje tylko jeden Bóg, Jahwe.

God communicates with his followers through the prophets, and good
deeds are rewarded while wrongdoings are punished.
*Bóg komunikuje się ze swoimi wyznawcami za pośrednictwem proroków,
a dobre uczynki są nagradzane, podczas gdy złe czyny są karane.*

They believe that their main purpose is to make the world a better place
through acts of charity and ensuring justice.
*Wierzą, że ich głównym celem jest uczynienie świata lepszym poprzez
działania charytatywne i zapewnienie sprawiedliwości.*

Jews firmly believe that God can be found in all of creation and is
boundless.
*Żydzi mocno wierzą, że Boga można znaleźć w całym stworzeniu i jest on
nieograniczony.*

Most followers of Judaism believe that God or their Messiah has not yet
come, but will one day.
*Większość wyznawców judaizmu wierzy, że Bóg lub ich Mesjasz jeszcze
nie nadszedł, ale pewnego dnia nadejdzie.*

Jews worship in temples known as synagogues, and their religious
leaders are called rabbis.
*Żydzi oddają cześć w świątyniach zwanych synagogami, a ich przywódcy
religijni nazywani są rabinami.*

Unlike other religions, rabbis are not considered to have any special
connection to God.
*W przeciwieństwie do innych religii, rabini nie są uważani za osoby
posiadające specjalne połączenie z Bogiem.*

Men and women usually sit separately in the synagogue, and Jewish men must cover their heads with a hat known as a yarmulke.
Mężczyźni i kobiety zwykle siedzą oddzielnie w synagodze, a żydowscy mężczyźni muszą zakrywać głowę czapką zwaną jarmułką.

Prayers at the synagogue are conducted in Hebrew.
Modlitwy w synagodze prowadzone są w języku hebrajskim.

The holy text of the Jews is the Tanakh or Hebrew Bible.
Świętym tekstem Żydów jest Tanakh, czyli Biblia hebrajska.

It contains all the books of the Old Testament, but they are placed in a slightly different order from the Christian Bible.
Zawiera wszystkie księgi Starego Testamentu, ale są one ułożone w nieco innej kolejności niż w Biblii chrześcijańskiej.

The first five books of the Tanakh are the Torah, and they describe the laws Jews must follow.
Pierwsze pięć ksiąg Tanachu to Tora i opisują one prawa, których Żydzi muszą przestrzegać.

According to the Torah, God first showed himself to a Hebrew man named Abraham.
Według Tory, Bóg po raz pierwszy objawił się hebrajskiemu mężczyźnie o imieniu Abraham.

Abraham became the founder of Judaism.
Abraham stał się założycielem judaizmu.

Abraham made a pact with God that he and his descendants would be the chosen people to create the Jewish nation.
Abraham zawarł pakt z Bogiem, że on i jego potomkowie będą narodem wybranym, który stworzy naród żydowski.

The Talmud was created many years later as a compilation of teachings and interpretations of Jewish law.
Talmud powstał wiele lat później jako kompilacja nauk i interpretacji żydowskiego prawa.

In Jewish tradition, the Shabbat is regarded as a day for prayer, reflection, and rest.
W tradycji żydowskiej szabat uważany jest za dzień modlitwy, refleksji i odpoczynku.

It starts at sunset on Friday and lasts until nighttime on Saturday.
Rozpoczyna się o zachodzie słońca w piątek i trwa do nocy w sobotę.

Depending on the sect of Judaism, a person will observe Shabbat differently.
W zależności od sekty judaizmu, dana osoba będzie obchodzić Szabat w różny sposób.

Some will not perform any manual labor, while others will abstain from the use of digital devices or any banned activities.
Niektórzy nie będą wykonywać żadnej pracy fizycznej, podczas gdy inni powstrzymają się od korzystania z urządzeń cyfrowych lub jakichkolwiek zakazanych czynności.

Many will use this time to read and discuss the Torah and go to the synagogue.
Wielu wykorzysta ten czas na czytanie i omawianie Tory oraz chodzenie do synagogi.

Part of being Jewish means eating foods that are kosher.
Częścią bycia Żydem jest spożywanie koszernej żywności.

Kosher describes foods that are in keeping with the strict dietary rules of traditional Jewish law.
Koszerność opisuje żywność, która jest zgodna z surowymi zasadami żywieniowymi tradycyjnego prawa żydowskiego.

Not all Jews keep kosher; some may follow certain rules while others do not follow any kosher rules at all.
Nie wszyscy Żydzi przestrzegają koszerności; niektórzy mogą przestrzegać pewnych zasad, podczas gdy inni nie przestrzegają żadnych zasad koszerności.

Some kosher rules include no mixing of meat and dairy, no pork or pork products, and no shellfish.
Niektóre zasady koszerności obejmują zakaz mieszania mięsa i nabiału, zakaz spożywania wieprzowiny i produktów wieprzowych oraz zakaz spożywania skorupiaków.

Jewish children mark their passage into adulthood around the age of 13 with a bar mitzvah (for boys) or a bat mitzvah (for girls).
Żydowskie dzieci zaznaczają swoje przejście w dorosłość w wieku około 13 lat poprzez bar micwę (dla chłopców) lub bat micwę (dla dziewczynek).

By undergoing this ritual, teenagers promise to follow the Jewish faith and law and can fully participate in synagogue services.
Poddając się temu rytuałowi, nastolatki obiecują przestrzegać żydowskiej wiary i prawa oraz mogą w pełni uczestniczyć w nabożeństwach synagogalnych.

During the ceremony, the teen reads from the Torah and leads the community in prayer, after which there is a huge party.
Podczas ceremonii nastolatek czyta z Tory i prowadzi społeczność w modlitwie, po czym odbywa się wielka impreza.

Festivals and Celebrations

Festiwale i uroczystości

Like many other religions, Judaism has special days for festivals and major observances.
Podobnie jak wiele innych religii, judaizm ma specjalne dni na święta i główne uroczystości.

Passover is an eight-day festival around March or April each year.
Pascha to ośmiodniowe święto obchodzone w marcu lub kwietniu każdego roku.

It is observed in commemoration of Moses leading the people of Israel out of Egypt and freeing them from enslavement.
Jest ono obchodzone na pamiątkę wyprowadzenia przez Mojżesza ludu Izraela z Egiptu i uwolnienia go z niewoli.

Passover starts with a traditional Jewish meal called the seder.
Pascha rozpoczyna się tradycyjnym żydowskim posiłkiem zwanym sederem.

The foods served during this festival must not contain any leaven.
Potrawy podawane podczas tego święta nie mogą zawierać zakwasu.

Abstaining from leaven reminds Jews that the Israelites did not have time for their dough to rise as they made their escape.
Powstrzymywanie się od zakwasu przypomina Żydom, że Izraelici nie mieli czasu na wyrośnięcie ciasta podczas ucieczki.

Homes are cleaned thoroughly before this festival, and stories of the Exodus are told almost every day during Passover.
Domy są dokładnie sprzątane przed tym świętem, a historie o Exodusie są opowiadane prawie codziennie podczas Paschy.

Rosh Hashanah is the Jewish New Year and celebrates the creation of the world.
Rosz ha-Szana jest żydowskim Nowym Rokiem i upamiętnia stworzenie świata.

This festival happens in September or October.
Festiwal ten odbywa się we wrześniu lub październiku.

This festival is also known as the Day of Judgment since it is believed that on this day, God sits in judgment of each person and their actions.
Święto to znane jest również jako Dzień Sądu, ponieważ wierzy się, że tego dnia Bóg osądza każdego człowieka i jego czyny.

The ten days leading up to this day is spent in reflection and self-examination of one's actions and deeds over the past year.
Dziesięć dni poprzedzających ten dzień spędza się na refleksji i samoocenie swoich działań i czynów w ciągu ostatniego roku.

During this festival, special services are held at the synagogues, and Jews eat apples dipped in honey in hopes of having a sweet and happy New Year.
Podczas tego święta w synagogach odbywają się specjalne nabożeństwa, a Żydzi jedzą jabłka maczane w miodzie w nadziei na słodki i szczęśliwy Nowy Rok.

Yom Kippur occurs ten days after Rosh Hashanah and is known as the Day of Atonement.
Jom Kipur przypada dziesięć dni po Rosz ha-Szana i jest znany jako Dzień Pojednania.

During this day, Jews fast from food or drinks and attend synagogue to repent for their wrongdoings and to ask God for forgiveness.
W tym dniu Żydzi poszczą od jedzenia i picia oraz uczęszczają do synagogi, aby żałować za swoje złe uczynki i prosić Boga o przebaczenie.

Hanukkah is the Jewish Festival of Lights and is an eight-day holiday that celebrates the rededication of the Second Temple in Jerusalem after the first was destroyed and the miracle of the burning oil.
Chanuka to żydowskie Święto Świateł i ośmiodniowe święto upamiętniające ponowne poświęcenie Drugiej Świątyni w Jerozolimie po zniszczeniu pierwszej oraz cud płonącego oleju.

It is said that the oil in the menorah in the temple burned for eight days, although there was only enough oil for one day.
Mówi się, że oliwa w menorze w świątyni paliła się przez osiem dni, choć wystarczyło jej tylko na jeden dzień.

Did you know that the story of Hanukkah cannot be found in the Torah?
Czy wiesz, że historii Chanuki nie można znaleźć w Torze?

This is because the events that led to the celebration of this festival occurred after the text was written.
Wynika to z faktu, że wydarzenia, które doprowadziły do obchodów tego święta, miały miejsce po napisaniu tekstu.

However, mention is made in the New Testament of Jesus attending a Feast of Dedication.
Nowy Testament wspomina jednak, że Jezus uczestniczył w Święcie Poświęcenia.

Scientology

What's interesting is that Scientology actually began as a scientific theory and then evolved into a religion.
Co ciekawe, scjentologia rozpoczęła się jako teoria naukowa, a następnie przekształciła się w religię.

L. Ron Hubbard is the founder of Scientology.
L. Ron Hubbard jest założycielem scjentologii.

His book, Dianetics: The Modern Science of Mental Health (Dianetics), is the foundation of Scientology thought.
Jego książka, Dianetics: Nowoczesna nauka o zdrowiu psychicznym (Dianetics), jest podstawą myśli scjentologicznej.

At first, Hubbard saw Dianetics as a science but later changed it to reflect a more religious approach in 1954, calling it the Church of Scientology.
Początkowo Hubbard postrzegał Dianetykę jako naukę, ale później zmienił ją, aby odzwierciedlić bardziej religijne podejście w 1954 roku, nazywając ją Kościołem Scjentologii.

The Church was started in Southern California by Hubbard and is now carried on by David Miscavige.
Kościół został założony w południowej Kalifornii przez Hubbarda, a obecnie jest kontynuowany przez Davida Miscavige.

Since its inception, it has gained popularity in the United States and the world, often creating heated discussions and debates.
Od momentu powstania zyskał popularność w Stanach Zjednoczonych i na całym świecie, często wywołując gorące dyskusje i debaty.

The Church of Scientology comprises a group of corporations and other organizations that are committed to the practice, administration, and spreading of Scientology.
Kościół scjentologiczny składa się z grupy korporacji i innych organizacji, które są zaangażowane w praktykę, administrację i rozpowszechnianie scjentologii.

The Church of Scientology International is the larger organization that governs the local Scientology centers worldwide.
Church of Scientology International to większa organizacja, która zarządza lokalnymi ośrodkami scjentologicznymi na całym świecie.

Its headquarters are located in California.
Jej główna siedziba znajduje się w Kalifornii.

The Church claims to have more than 11,000 missions in 184 nations, with more than 4.4 million people joining each year, but this has not been confirmed.
Kościół twierdzi, że ma ponad 11 000 misji w 184 krajach, a każdego roku dołącza do niego ponad 4,4 miliona osób, ale nie zostało to potwierdzone.

The reality may be closer to hundreds of thousands of practitioners worldwide.
Rzeczywistość może być bliższa setkom tysięcy praktyków na całym świecie.

Some very popular followers include Tom Cruise and John Travolta.
Do bardzo popularnych naśladowców należą Tom Cruise i John Travolta.

Many countries, including France and Germany, have refused to recognize the Church of Scientology as a religion.
Wiele krajów, w tym Francja i Niemcy, odmówiło uznania Kościoła scjentologicznego za religię.

Main Beliefs and Traditions

Główne wierzenia i tradycje

Scientology is a religion that is said to offer a way for humans to gain a complete understanding of their spiritual nature and their relationship with the material and spiritual universe as well as the Supreme Being.
Scjentologia jest religią, o której mówi się, że oferuje ludziom sposób na pełne zrozumienie ich duchowej natury i ich związku z materialnym i duchowym wszechświatem, a także z Istotą Najwyższą.

It is about gaining knowledge to improve your life and the lives of those around you.
Chodzi o zdobywanie wiedzy, aby poprawić swoje życie i życie ludzi wokół ciebie.

In Dianetics, Hubbard argued that individuals naturally have a rational mind, but in times of high stress or trauma our emotions take control.
W Dianetics Hubbard argumentował, że jednostki z natury mają racjonalny umysł, ale w czasach wysokiego stresu lub traumy nasze emocje przejmują kontrolę.

The scars created because of these negative events are called engrams.
Blizny powstałe w wyniku tych negatywnych wydarzeń nazywane są engramami.

To remove these engrams, individuals must undergo a therapeutic process known as 'auditing.' Done by an auditor (counselor), these one-on-one meetings can help the person to get rid of negative memories, and once again let the analytical mind be in control.
Aby usunąć te engramy, osoby muszą przejść proces terapeutyczny znany jako „audyt". Przeprowadzane przez audytora (doradcę), te spotkania jeden na jeden mogą pomóc osobie pozbyć się negatywnych wspomnień i ponownie pozwolić analitycznemu umysłowi przejąć kontrolę.

This is known as 'clearing.'
Jest to znane jako „oczyszczanie".

Hubbard believed that the individual consciousness could be separated from the body.
Hubbard wierzył, że indywidualną świadomość można oddzielić od ciała.

This led him to the belief that the spiritual self or thetan could exist separate from the body.
Doprowadziło go to do przekonania, że duchowa jaźń lub thetan może istnieć oddzielnie od ciała.

He also believed that the thetans existed in other bodies before their present one, very similar to Eastern concepts of reincarnation.
Wierzył również, że thetanie istnieli w innych ciałach przed ich obecnym, bardzo podobnie do wschodnich koncepcji reinkarnacji.

This new focus is what pushed Dianetics into religion.
To nowe ukierunkowanie sprawiło, że Dianetyka stała się religią.

Scientologists believe that thetans are parts of theta, the cosmic life source.
Scjentolodzy wierzą, że thetanie są częścią theta, kosmicznego źródła życia.

Thetans are said to have created matter, space, energy, and time which led to the creation of the universe.
Mówi się, że tetanie stworzyli materię, przestrzeń, energię i czas, co doprowadziło do powstania wszechświata.

Over time, the thetans lost their abilities and were trapped here on earth.
Z czasem thetanie utracili swoje zdolności i zostali uwięzieni na Ziemi.

The Church of Scientology asserts that the most important achievement for an individual is to be able to understand that they are spiritual beings and to be able to act as a fully aware thetan.
Kościół scjentologiczny twierdzi, że najważniejszym osiągnięciem dla jednostki jest zrozumienie, że jest ona istotą duchową i jest w stanie działać jako w pełni świadomy thetan.

This can all be achieved through auditing.
Wszystko to można osiągnąć poprzez audyt.

The Scientology cross was introduced to the Church by L.
Krzyż scjentologiczny został wprowadzony do Kościoła przez L.

Ron Hubbard in the 1950s.
Rona Hubbard w latach pięćdziesiątych.

It consists of eight points that represent the eight 'dynamics' for survival that individuals have.
Składa się z ośmiu punktów, które reprezentują osiem „dynamik" przetrwania, jakie posiadają jednostki.

Hubbard believed that people are constantly seeking pleasure and actively avoiding pain.
Hubbard wierzył, że ludzie nieustannie poszukują przyjemności i aktywnie unikają bólu.

These eight 'dynamics' include:
Te osiem „dynamik" obejmuje:

- The urge for self-survival.
- *Chęć przetrwania.*

- The urge for survival through sex and reproduction.
- *Chęć przetrwania poprzez seks i reprodukcję.*

- The urge for survival through a group.
- *Chęć przetrwania w grupie.*

- The urge for survival through all of humanity.
- *Chęć przetrwania przez całą ludzkość.*

- The urge for survival through any other life forms including animals, insects, and plants.
- *Chęć przetrwania dzięki innym formom życia, w tym zwierzętom, owadom i roślinom.*

- The urge for survival through the physical universe in the form of matter, space, time, and energy.
- *Chęć przetrwania poprzez fizyczny wszechświat w postaci materii, przestrzeni, czasu i energii.*

- The urge for survival through spirits or anything spiritual.
- *Chęć przetrwania poprzez duchy lub cokolwiek duchowego.*

- The urge for survival through the Supreme Being.
- *Chęć przetrwania dzięki Najwyższej Istocie.*

For Scientologists, survival means moving towards the goal of immortality.
Dla scjentologów przetrwanie oznacza dążenie do nieśmiertelności.

Scientologists do not believe in any one God.
Scjentolodzy nie wierzą w żadnego Boga.

They believe you should experience God in your own way; they refer to the eighth 'dynamic' as the "God dynamic." They believe in a Supreme Being but do not give it any attributes or describe its nature.
Wierzą, że powinieneś doświadczać Boga na swój własny sposób; odnoszą się do ósmej „dynamiki" jako „dynamiki Boga". Wierzą w Istotę Najwyższą, ale nie nadają jej żadnych atrybutów ani nie opisują jej natury.

Like some other religions, Scientologists regard the physical body as simply a vessel for the spirit.
Podobnie jak niektóre inne religie, scjentolodzy uważają ciało fizyczne za zwykłe naczynie dla ducha.

They assert that the spirit is immortal and will move on to another body as needed after death.
Twierdzą oni, że duch jest nieśmiertelny i po śmierci przeniesie się do innego ciała, jeśli zajdzie taka potrzeba.

The spirit finds another body as part of its quest to achieve ‚clearing.'
Duch znajduje inne ciało w ramach swojego dążenia do „oczyszczenia".

Furthermore, according to Scientology belief, there is no final day of judgment or salvation. 'Clearing' and salvation are limited to the current life and when the person dies, the spirit will come back again and again.

Ponadto, zgodnie z wierzeniami scjentologicznymi, nie ma ostatecznego dnia sądu ani zbawienia. „Oczyszczenie" i zbawienie są ograniczone do obecnego życia, a kiedy dana osoba umrze, duch będzie powracał raz za razem.

For the most part, there is no heaven or hell.
W większości przypadków nie ma nieba ani piekła.

What's interesting is that some Scientologists also belong to other faiths since they consider Scientology more of a science than a religion.
Co ciekawe, niektórzy scjentolodzy należą również do innych wyznań, ponieważ uważają scjentologię bardziej za naukę niż religię.

The Church of Scientology holds services on Sundays (and sometimes on weekdays) for members and non-members alike.
Kościół scjentologiczny organizuje nabożeństwa w niedziele (a czasem w dni powszednie) zarówno dla członków, jak i osób niebędących członkami.

The services are conducted by a minister of the Church and include the recitation of the Creed of Scientology, a homily, communal auditing, and prayer.
Nabożeństwa są prowadzone przez pastora Kościoła i obejmują recytację Kredo scjentologicznego, homilię, wspólny audyt i modlitwę.

It is a way to communicate with the Supreme Being and reaffirm their spirituality.
Jest to sposób na komunikację z Istotą Najwyższą i potwierdzenie ich duchowości.

Festivals and Celebrations

Festiwale i uroczystości

The Church of Scientology celebrates the birthday of L.
Kościół scjentologiczny świętuje urodziny L.

Ron Hubbard as a major holiday on March 13 each year.
Rona Hubbarda jako główne święto 13 marca każdego roku.

The first publication of Dianetics on May 9 is also celebrated as a major event in the Scientology calendar.
Pierwsza publikacja Dianetyki 9 maja jest również obchodzona jako ważne wydarzenie w kalendarzu scjentologicznym.

There is Auditor's Day on the second Sunday in September to honor all the auditors in the organization.
W drugą niedzielę września obchodzony jest Dzień Audytora, aby uhonorować wszystkich audytorów w organizacji.

On October 7 each year they commemorate the founding of the International Association of Scientologists, an organization tasked with protecting the religion and its followers worldwide.
7 października każdego roku upamiętniają oni założenie Międzynarodowego Stowarzyszenia Scjentologów, organizacji, której zadaniem jest ochrona religii i jej wyznawców na całym świecie.

Each of these occasions is marked by large-scale international celebrations that are broadcasted to Churches and centers worldwide.
Każda z tych okazji jest naznaczona międzynarodowymi uroczystościami na dużą skalę, które są transmitowane do kościołów i ośrodków na całym świecie.

These events are the main way for the Scientology leadership to share progress and future plans with its international congregations.
Wydarzenia te są głównym sposobem, w jaki przywódcy scjentologii dzielą się postępami i planami na przyszłość ze swoimi międzynarodowymi kongregacjami.

Although they have their own holidays and festivals, Scientologists also observe national holidays and are always respectful of the religious occasions of other religions.
Chociaż scjentolodzy mają swoje własne święta i festiwale, obchodzą również święta narodowe i zawsze szanują okazje religijne innych religii.

Sikhism

Sikh in Punjabi means disciple.
Sikh w języku pendżabskim oznacza ucznia.

Sikhs are disciples of God who follow the teachings of the Ten Gurus.
Sikhowie są uczniami Boga, którzy podążają za naukami Dziesięciu Guru.

Sikhism is the fifth-largest religion in the world, with roughly 25 million Sikhs.
Sikhizm jest piątą co do wielkości religią na świecie, z około 25 milionami Sikhów.

80% of Sikhs live in India, but notable Sikh populations can be found in Canada, the United Kingdom, Australia, East Africa, the United States, and Malaysia (Discover Guru Nanak, 2019).
80% Sikhów mieszka w Indiach, ale znaczące populacje Sikhów można znaleźć w Kanadzie, Wielkiej Brytanii, Australii, Afryce Wschodniej, Stanach Zjednoczonych i Malezji (Discover Guru Nanak, 2019).

Sikhism is one of the youngest religions in the world, founded more than 500 years ago in Punjab, India, by Guru Nanak.
Sikhizm jest jedną z najmłodszych religii na świecie, założoną ponad 500 lat temu w Pendżabie w Indiach przez Guru Nanaka.

It is a monotheistic religion that believes in one God, or Waheguru, meaning "wonderful God."
Jest to religia monoteistyczna, która wierzy w jednego Boga lub Waheguru, co oznacza „Wspaniałego Boga».

Guru Nanak's teachings were drawn from both Hindu and Islamic philosophy.
Nauki Guru Nanaka czerpały zarówno z filozofii hinduistycznej, jak i islamskiej.

He taught that there is only one God and that everyone and everything is equal before God.
Nauczał, że jest tylko jeden Bóg i że wszyscy i wszystko jest równe przed Bogiem.

He was considered to be the first guru (teacher) of Sikhism.
Był uważany za pierwszego guru (nauczyciela) sikhizmu.

After his death, nine other gurus continued the teachings of Guru Nanak and Sikhism.
Po jego śmierci dziewięciu innych guru kontynuowało nauki Guru Nanaka i sikhizmu.

The tenth guru, Guru Gobind Singh, is said to be the last living guru.
Dziesiąty guru, Guru Gobind Singh, jest uważany za ostatniego żyjącego guru.

It was decreed that after his death that the status of guru would be given to the Sikh holy text.
Zadekretowano, że po jego śmierci status guru zostanie nadany świętemu tekstowi Sikhów.

The fifth guru, Guru Arjan, established Amritsar as the main seat of Sikhism and composed the first book of Sikh text, the Adi Granth.
Piąty guru, Guru Arjan, ustanowił Amritsar główną siedzibą sikhizmu i skomponował pierwszą księgę sikhijskiego tekstu, Adi Granth.

Guru Arjan and his beliefs were seen as a threat by the state, and he was executed.
Guru Arjan i jego przekonania były postrzegane przez państwo jako zagrożenie i został stracony.

As a result, the sixth guru began the militarization of Sikhs as a way to protect the community and prevent oppression.
W rezultacie szósty guru rozpoczął militaryzację sikhów jako sposób na ochronę społeczności i zapobieganie uciskowi.

Guru Gobind Singh, the tenth guru, is credited with creating the Sikh initiation rites and the 5Ks, which act as a unique identifier for the Sikh community.
Guru Gobind Singh, dziesiąty guru, jest uznawany za twórcę sikhijskich rytuałów inicjacyjnych i 5K, które działają jako unikalny identyfikator społeczności sikhijskiej.

The 5Ks mainly apply to men and are as follows:
5K dotyczą głównie mężczyzn i są następujące:

- Kesh : uncut hair.
- *Kesh: nieobcięte włosy.*

- Kirpan : a ceremonial sword.
- *Kirpan: miecz ceremonialny.*

- Kanga : a wooden comb.
- *Kanga: drewniany grzebień.*

- Kachera : cotton undergarments.
- *Kachera: bawełniana bielizna.*

- Kara : a steel bracelet.
- *Kara: stalowa bransoletka.*

These 5Ks are worn by Sikhs who have dedicated themselves to following the path laid out by the Gurus.
Te 5K są noszone przez Sikhów, którzy poświęcili się podążaniu ścieżką wytyczoną przez Guru.

Main Beliefs and Traditions

Główne wierzenia i tradycje

Sikhs believe in a combination of action and faith.
Sikhowie wierzą w połączenie działania i wiary.

To live a good life, Sikhs must do good deeds and pray to God.
Aby wieść dobre życie, sikhowie muszą spełniać dobre uczynki i modlić się do Boga.

To this end, there are three duties that they must follow in everyday life.
W tym celu istnieją trzy obowiązki, których muszą przestrzegać w codziennym życiu.

These are:
Są to:

- Nam Japna : remember and chant God's name with every breath.
- *Nam Japna: pamiętaj i intonuj imię Boga z każdym oddechem.*

- Kirat Karni : earn an honest living and always practice truthfulness.
- *Kirat Karni: zarabiaj uczciwie na życie i zawsze praktykuj prawdomówność.*

- Vand Ke Chakna : give to charity and care for others.
- *Vand Ke Chakna: dawaj na cele charytatywne i dbaj o innych.*

They also believe they should avoid the vices of lust, anger, pride, attachment to material things, and greed.
Wierzą również, że powinni unikać wad pożądania, gniewu, dumy, przywiązania do rzeczy materialnych i chciwości.

If you can overcome these vices, you are on the path to liberation.
Jeśli jesteś w stanie przezwyciężyć te wady, jesteś na ścieżce do wyzwolenia.

Like Hinduism and Buddhism, Sikhism follows the belief in the cycle of birth, death, and rebirth.
Podobnie jak hinduizm i buddyzm, sikhizm podąża za wiarą w cykl narodzin, śmierci i odrodzenia.

The quality of each life depends greatly on the laws of karma meaning that each action, good or bad, will impact the next life.
Jakość każdego życia zależy w dużej mierze od praw karmy, co oznacza, że każde działanie, dobre lub złe, będzie miało wpływ na następne życie.

The only way out of this cycle is to attain union with God.
Jedynym sposobem na wyjście z tego cyklu jest osiągnięcie jedności z Bogiem.

The ultimate goal in Sikh spirituality is to experience and become one with God.
Ostatecznym celem duchowości sikhijskiej jest doświadczenie i stanie się jednością z Bogiem.

Sikhs believe that to achieve this, the focus must be shifted away from the self and toward God.
Sikhowie wierzą, że aby to osiągnąć, należy przenieść punkt ciężkości z siebie na Boga.

However, Sikhs believe that attaining liberation is something God does to humans, and they cannot just earn it.
Sikhowie wierzą jednak, że osiągnięcie wyzwolenia jest czymś, co Bóg czyni dla ludzi i nie można na nie po prostu zasłużyć.

Experiencing God and being close to God can be done through the teachings found in the Sikh holy text known as the Guru Granth Sahib.
Doświadczanie Boga i bycie blisko Boga może odbywać się poprzez nauki zawarte w świętym tekście Sikhów znanym jako Guru Granth Sahib.

The text is a collection of teachings and writings of Guru Nanak, other Gurus, and Sikh, Hindu, and Muslim saints.
Tekst jest zbiorem nauk i pism Guru Nanaka, innych Guru oraz sikhijskich, hinduskich i muzułmańskich świętych.

Did you know that the Guru Granth Sahib is the only major holy text in which the teachings of other faiths can be found?
Czy wiesz, że Guru Granth Sahib jest jedynym głównym świętym tekstem, w którym można znaleźć nauki innych wyznań?

This is because the ten Gurus believed there are many ways to create a connection with God, and the Sikh way is only one.
Dzieje się tak, ponieważ dziesięciu Guru wierzyło, że istnieje wiele sposobów na stworzenie połączenia z Bogiem, a sikhijski sposób jest tylko jeden.

The Guru Granth Sahib is in the form of poetry set to traditional Sikh classical music.
Guru Granth Sahib ma formę poezji osadzonej w tradycyjnej sikhijskiej muzyce klasycznej.

It is kept under a canopy in the Sikh temple or gurdwara.
Jest on przechowywany pod baldachimem w świątyni sikhijskiej lub gurdwarze.

Sikhs must never turn their backs on the holy text.
Sikhowie nigdy nie mogą odwrócić się od świętego tekstu.

At every festival, the holy scriptures are read continuously from beginning to end.
Podczas każdego festiwalu święte pisma czytane są nieprzerwanie od początku do końca.

This can take about 48 hours.
Może to zająć około 48 godzin.

Sikhs can pray at any time but must say prayers at sunrise, sunset, and before sleeping.
Sikhowie mogą modlić się o dowolnej porze, ale muszą odmawiać modlitwy o wschodzie i zachodzie słońca oraz przed snem.

It is expected that a Sikh will meditate on the name of God by repeating Waheguru throughout the day while doing all tasks.
Oczekuje się, że Sikh będzie medytował nad imieniem Boga, powtarzając Waheguru przez cały dzień podczas wykonywania wszystkich zadań.

Festivals and Celebrations

Festiwale i uroczystości

Sikhs celebrate the lives of the Gurus in festivals known as gurpurbs.
Sikhowie świętują życie Guru podczas festiwali znanych jako gurpurbs.

During these festivals, the Guru Granth Sahib is read continuously from start to finish by a team of readers.
Podczas tych festiwali Guru Granth Sahib jest czytany nieprzerwanie od początku do końca przez zespół lektorów.

They could be members of the family or within the community, each reading for about two to three hours.
Mogą to być członkowie rodziny lub społeczności, z których każdy czyta przez około dwie do trzech godzin.

This practice began in the 18th century when there were only a few copies of the holy text.
Praktyka ta rozpoczęła się w XVIII wieku, kiedy istniało tylko kilka kopii świętego tekstu.

At that time, Sikhs were at war, and they would gather for a brief period to listen to the sacred words before the text was moved to another location.
W tym czasie Sikhowie byli w stanie wojny i zbierali się na krótki okres, aby wysłuchać świętych słów, zanim tekst były one przenoszone w inne miejsce.

Like Hindus, Sikhs celebrate Diwali or the Festival of Lights.
Podobnie jak hinduiści, sikhowie obchodzą Diwali lub Festiwal Świateł.

For Sikhs, this is the day when the sixth guru, Hargobind, was released from prison.
Dla Sikhów jest to dzień, w którym szósty guru, Hargobind, został zwolniony z więzienia.

In India, this day is commemorated with the lighting of the Golden Temple in Amritsar.
W Indiach dzień ten jest upamiętniany oświetleniem Złotej Świątyni w Amritsar.

Like Hindus, Sikhs celebrate this day with music, new clothes, gifts, and special foods.
Podobnie jak Hindusi, Sikhowie świętują ten dzień muzyką, nowymi ubraniami, prezentami i specjalnymi potrawami.

Vaisakhi is one of the most important festivals for Sikhs.
Vaisakhi jest jednym z najważniejszych świąt dla Sikhów.

It is a celebration of the founding of Sikhism as a faith and is celebrated in April.
Jest to święto upamiętniające powstanie sikhizmu jako wiary i obchodzone jest w kwietniu.

It has always been a harvest festival in the Punjab region but gained additional meaning because of its significance to Sikhs.
Zawsze było to święto plonów w regionie Pendżabu, ale zyskało dodatkowe znaczenie ze względu na jego znaczenie dla Sikhów.

This festival is celebrated in a similar fashion to the gurpurbs.
Święto to obchodzone jest w podobny sposób jak gurpurby.

The festival is marked by street processions and the singing of hymns from the Guru Granth Sahib, which is carried in place of honor during the festivities.
Festiwal jest naznaczony ulicznymi procesjami i śpiewaniem hymnów z Guru Granth Sahib, który jest noszony na honorowym miejscu podczas uroczystości.

Taoism

Taoism, also known as Daoism, is an ancient belief system indigenous to China for over 2,000 years.
Taoizm, znany również jako daoizm, to starożytny system wierzeń, który jest obecny w Chinach od ponad 2000 lat.

It is based on the practice of wu wei or inaction.
Opiera się na praktyce wu wei lub bezczynności.

It may sound strange, but it means that a person should do nothing that conflicts with the Tao or the natural order of the universe.
Może to zabrzmieć dziwnie, ale oznacza to, że dana osoba nie powinna robić niczego, co jest sprzeczne z Tao lub naturalnym porządkiem wszechświata.

Taoism has always existed alongside Confucianism.
Taoizm zawsze istniał obok konfucjanizmu.

Did you know that most people practice both Confucianism and Taoism?
Czy wiesz, że większość ludzi praktykuje zarówno konfucjanizm, jak i taoizm?

This is because they see them as two sides of the same coin that you can connect with during different stages in life.
Dzieje się tak, ponieważ postrzegają je jako dwie strony tego samego medalu, z którymi można się łączyć na różnych etapach życia.

Because of the fluid nature of Taoist tradition, it is often practiced side by side with Buddhism and Chinese folk culture as well.
Ze względu na płynną naturę tradycji taoistycznej, jest ona często praktykowana równolegle z buddyzmem i chińską kulturą ludową.

Taoism is said to have been founded by the philosopher Lao Tzu in the 6th century B.C.E.
Mówi się, że taoizm został założony przez filozofa Lao Tzu w VI wieku p.n.e..

It is believed that he wrote the text known as Tao Te Ching (Classic of the Way and Its Power).
Uważa się, że napisał tekst znany jako Tao Te Ching (Klasyka Drogi i Jej Mocy).

What's interesting though, is that modern academics believe the text may have been written by many different scholars during that time.
Co ciekawe, współcześni naukowcy uważają, że tekst ten mógł zostać napisany przez wielu różnych uczonych w tym czasie.

The text is used as a guide to understanding the nature of the universe.
Tekst jest używany jako przewodnik do zrozumienia natury wszechświata.

This text was an interpretation of Chinese folk traditions including the worship of nature and divination.
Tekst ten był interpretacją chińskich tradycji ludowych, w tym kultu natury i wróżbiarstwa.

Lao Tzu created this idea of the Tao as a way to understand creation and its functioning in the natural world during a time of social disorder and skepticism about religion.
Lao Tzu stworzył ideę Tao jako sposób na zrozumienie stworzenia i jego funkcjonowania w świecie przyrody w czasach nieporządku społecznego i sceptycyzmu wobec religii.

Did you know that Tai chi, a Chinese martial art, is connected to Taoism?
Czy wiesz, że Tai chi, chińska sztuka walki, jest powiązana z taoizmem?

Tai chi uses slow, circular movements that imitate the steady flow of nature as well as the flow of blood through the body.
Tai chi wykorzystuje powolne, okrężne ruchy, które naśladują stały przepływ natury, a także przepływ krwi przez ciało.

It is traditionally used as a way to connect with the Tao.
Jest tradycyjnie używany jako sposób na połączenie się z Tao.

Main Beliefs and Traditions

Główne wierzenia i tradycje

Taoists' main goal is to be in union with the natural order.
Głównym celem taoistów jest bycie w jedności z naturalnym porządkiem.

They believe a healthy life can only be achieved in harmony with the Tao.
Wierzą, że zdrowe życie można osiągnąć tylko w harmonii z Tao.

Instead of specific rules and regulations, Taoism embraces the idea of naturalness which they call ziran.
Zamiast określonych zasad i przepisów, taoizm obejmuje ideę naturalności, którą nazywają ziran.

By doing this, they can avoid suffering, violence, or struggle.
W ten sposób mogą uniknąć cierpienia, przemocy lub walki.

Taoism highlights the balance between opposites and the importance of nature.
Taoizm podkreśla równowagę między przeciwieństwami i znaczenie natury.

They believe that nature, not humans, control change in the world.
Wierzą oni, że to natura, a nie ludzie, kontroluje zmiany na świecie.

Like Confucianists, Taoists believe in the importance of the family and do not have any division between the genders.
Podobnie jak konfucjaniści, taoiści wierzą w znaczenie rodziny i że nie mają podziału na płeć.

In Taoism, women can be teachers and spiritual leaders, and the Tao Te Ching positively highlights aspects of life that are considered feminine such as fertility and softness.
W taoizmie kobiety mogą być nauczycielkami i duchowymi przywódczyniami, a Tao Te Ching pozytywnie podkreśla aspekty życia uważane za kobiece, takie jak płodność i miękkość.

The concept of yin and yang asserts that everything is interconnected and complementary.
Koncepcja yin i yang zakłada, że wszystko jest ze sobą połączone i wzajemnie się uzupełnia.

It shows the harmony between the masculine and the feminine.
Pokazuje harmonię między męskością i kobiecością.

The yin (feminine principle) is prized as crucial for all natural parts of the universe.
Yin (żeńska zasada) jest ceniona jako kluczowa dla wszystkich naturalnych części wszechświata.

Taoism is the belief that the universe is hierarchical, with individuals being a small part of the larger world.
Taoizm jest przekonaniem, że wszechświat jest hierarchiczny, a jednostki są małą częścią większego świata.

Between individuals and the world, there is an interplay of communication and participation, but it is believed that within the human body there are the same gods that exist in the larger universe.

Między jednostkami a światem istnieje wzajemna komunikacja i uczestnictwo, ale uważa się, że w ludzkim ciele istnieją ci sami bogowie, którzy istnieją w większym wszechświecie.

So, one only has to search within oneself to find the divine.
Wystarczy więc poszukać w sobie, by odnaleźć boskość.

In other words, you return to the Tao.
Innymi słowy, powracasz do Tao.

The law of the Tao states that all things will return to their starting point.
Prawo Tao mówi, że wszystkie rzeczy powrócą do punktu wyjścia.

Anything that has extreme tendencies must eventually return to the opposite qualities.
Wszystko, co ma skrajne tendencje, musi ostatecznie powrócić do przeciwnych cech.

This return is considered to be the movement of the Tao.
Ten powrót jest uważany za ruch Tao.

In Taoist philosophy, everything comes from the Tao and must therefore return to the Tao.
W filozofii taoistycznej wszystko pochodzi z Tao i dlatego musi do niego powrócić.

All aspects of the universe are subject to change, but this is considered yin and yang, which are all part of the Tao.
Wszystkie aspekty wszechświata podlegają zmianom, ale jest to uważane za yin i yang, które są częścią Tao.

Life and death are one pair of yin and yang and the cycle it represents.
Życie i śmierć to jedna para yin i yang oraz cykl, który reprezentuje.

They are complementary or companions, so in this way, there should be no worry over them.
Są one komplementarne lub towarzyszące, więc w ten sposób nie należy się nimi martwić.

Taoists believe that life and death are a part of the same reality and, like everything else, individuals must return to where they began.
Taoiści wierzą, że życie i śmierć są częścią tej samej rzeczywistości i, podobnie jak wszystko inne, jednostki muszą powrócić do miejsca, w którym się zaczęły.

They believe that death is natural and should not be feared.
Wierzą, że śmierć jest czymś naturalnym i nie należy się jej obawiać.

The ultimate goal of Taoists is to find unity or harmony with the Tao.
Ostatecznym celem taoistów jest znalezienie jedności lub harmonii z Tao.

Material possessions and riches distract the individual from attaining that union.
Dobra materialne i bogactwo odwracają uwagę jednostki od osiągnięcia tego zjednoczenia.

The aim is to achieve ultimate balance with the yin and yang within themselves.
Celem jest osiągnięcie ostatecznej równowagi z yin i yang w sobie.

In Taoism, the followers worship at temples where they offer prayers to specific idols or to the spirits.
W taoizmie wyznawcy oddają cześć w świątyniach, gdzie ofiarowują modlitwy określonym bożkom lub duchom.

They also perform ancestor worship.
Oddają również cześć przodkom.

Festivals and Celebrations

Festiwale i uroczystości

The Lantern Festival is on the 15th day or the first full moon of the first lunar month of the year.
Festiwal Latarni odbywa się 15 dnia lub podczas pierwszej pełni księżyca pierwszego miesiąca księżycowego roku.

It is a celebration in honor of the birthday of the Taoist god Tianguan, the god of good fortune.
Jest to święto na cześć urodzin taoistycznego boga Tianguan, boga szczęścia.

Tianguan is said to enjoy various types of celebrations, so people take part in many festivities in the hopes of gaining good fortune.
Mówi się, że Tianguan cieszy się różnymi rodzajami świętowania, więc ludzie biorą udział w wielu uroczystościach w nadziei na zdobycie szczęścia.

Part of the celebration usually includes walking on the street holding lit lanterns that are red in color.
Częścią obchodów jest zwykle chodzenie po ulicy z zapalonymi lampionami w kolorze czerwonym.

They eventually release the lanterns in public spaces.
Ostatecznie wypuszczają latarnie w przestrzeni publicznej.

They also play games, solve puzzles, and eat a popular Chinese dish of rice balls filled with ground black sesame seeds.
Grają również w gry, rozwiązują zagadki i jedzą popularne chińskie danie z kulek ryżowych wypełnionych mielonym czarnym sezamem.

The Qingming Festival, or Tomb Sweeping Day, takes place after the winter solstice and is dedicated to visiting the graves and burial sites of ancestors.
Festiwal Qingming, czyli Dzień Zamiatania Grobowców, odbywa się po przesileniu zimowym i jest poświęcony odwiedzaniu grobów i miejsc pochówku przodków.

People offer food, wine, tea, and chopsticks at the graves and then sweep the tombs of their ancestors.
Ludzie oferują jedzenie, wino, herbatę i pałeczki na grobach, a następnie zamiatają groby swoich przodków.

No food is cooked on this day; only cold food is served.
W tym dniu nie gotuje się żadnych potraw; serwowane są tylko zimne potrawy.

Though this is a somber festival, it is a time for individuals to reflect on their hopes for the upcoming season of spring.
Chociaż jest to ponure święto, jest to czas, w którym ludzie mogą zastanowić się nad swoimi nadziejami na nadchodzący sezon wiosenny.

The Dragon Boat or Duanwu Festival started as a celebration of Qu Yuan, a distinguished member of the Zhou dynasty.
Festiwal Smoczych Łodzi lub Duanwu rozpoczął się jako święto Qu Yuana, wybitnego członka dynastii Zhou.

He is said to have worked towards eliminating corruption within the dynasty, but his opinions were highly unpopular, and he was forced to leave his position.
Mówi się, że pracował nad wyeliminowaniem korupcji w dynastii, ale jego opinie były bardzo niepopularne i został zmuszony do opuszczenia swojego stanowiska.

This festival is in honor of when he died.
Ten festiwal jest na cześć jego śmierci.

Chinese New Year is a popular festival worldwide.
Chiński Nowy Rok to popularny festiwal na całym świecie.

It begins with Chinese New Year's Eve and culminates in the Lantern Festival.
Rozpoczyna się wigilią chińskiego Nowego Roku, a jego kulminacją jest Festiwal Latarni.

People celebrate by visiting temples, praying, and burning incense.
Ludzie świętują odwiedzając świątynie, modląc się i paląc kadzidła.

There are also large street festivals and parades with tons of entertainment, including dragon dancers, firecrackers, and fireworks.
Odbywają się tu również duże festiwale uliczne i parady z mnóstwem rozrywki, w tym tancerzami smoków, petardami i fajerwerkami.

The Hungry Ghost Festival began as part of Chinese folk tradition and is celebrated in mid-July.
Festiwal Głodnych Duchów powstał jako część chińskiej tradycji ludowej i obchodzony jest w połowie lipca.

The seventh month of the year is considered to be "ghost month," where ghosts and spirits of the ancestors are said to emerge from the lower realm.
Siódmy miesiąc roku jest uważany za „miesiąc duchów", w którym duchy i duchy przodków rzekomo wyłaniają się z niższej sfery.

Taoists perform services to ward off the suffering of these ghosts by offering food and burning incense.
Taoiści odprawiają nabożeństwa, aby odpędzić cierpienie tych duchów, oferując jedzenie i paląc kadzidła.

Most of the meals cooked on this day are vegetarian and are served to empty seats for each of the deceased.
Większość posiłków przygotowywanych w tym dniu jest wegetariańska i podawana na puste miejsca dla każdego zmarłego.

Thank You

I hope you enjoyed my book!

Bye for now :)

References

American Atheists. (n.d.). *What is atheism?* American Atheists. https://www.atheists.org/activism/resources/about-atheism/#:~:text=Atheism%20is%20one%20thing%3A%20A%20lack%20of%20belief%20in%20gods.&text=It%20is%20simply%20a%20rejection

BBC. (2009, October 26). *BBC religions - Sikhism: Vaisakhi*. Www.bbc.co.uk. https://www.bbc.co.uk/religion/religions/sikhism/holydays/vaisakhi.shtml

Berling, J. (2018). Confucianism. Asia Society. https://asiasociety.org/education/confucianism

Berling, J. (2019). *Daoism*. Asia Society. https://asiasociety.org/education/daoism

Bloom, I. (2009). *Introduction to Daoism*. Columbia.edu. http://afe.easia.columbia.edu/special/china_1000bce_daoism.htm

De Cruz, H. (2022). *Religion and science*. Stanford Encyclopedia of Philosophy; Metaphysics Research Lab, Stanford University. https://plato.stanford.edu/entries/religion-science/#Hind

Discover Guru Nanak. (2019). *Basics of Sikhism What do Sikhs believe?* Discover Guru Nanak. https://discovergurunanak.com/basics-of-sikhism/

Elshaikh, E. M. (n.d.). *Daoism*. Khan Academy. https://www.khanacademy.org/humanities/whp-origins/era-3-cities-societies-and-empires-6000-bce-to-700-c-e/35-development-of-belief-systems-betaa/a/read-daoism-beta

Glossop, J., Mcclymont, C., & Mantha, J. (2013). *The kids book of world religions*. Kids Can Press.

Hansen, C. (2020). *Daoism*. Stanford Encyclopedia of Philosophy; Metaphysics Research Lab, Stanford University. https://plato.stanford.edu/entries/daoism/#Origins

Hill, A. (2019). *What is Kosher? Diet, food, and rules*. Healthline. https://www.healthline.com/nutrition/what-is-kosher

Hinduism - World Religions for Kids. (2019). *Hinduism - World religions for kids*. Google.com. https://sites.google.com/site/worldreligions-forkids/home/hinduism

History.com Editors. (2017a, May 8). *Scientology*. HISTORY. https://www.history.com/topics/religion/history-of-scientology

History.com Editors. (2017b, October 13). *Christianity*. HISTORY. https://www.history.com/topics/religion/history-of-christianity

History.com Editors. (2018a, January 5). *Islam*. HISTORY. https://www.history.com/topics/religion/islam

History.com Editors. (2018b, January 5). *Judaism*. HISTORY. https://www.history.com/topics/religion/judaism#section_4

History.com Editors. (2018c, September 12). *Hanukkah*. HISTORY. https://www.history.com/topics/holidays/hanukkah

History.com Editors. (2019, September 30). *Hinduism*. HISTORY. https://www.history.com/topics/religion/hinduism#hindu-places-of-worship

History.com Editors. (2020, July 22). *Buddhism*. HISTORY. https://www.history.com/topics/religion/buddhism#section_10

Lipka, M. (2019, December 6). *10 facts about atheists.* Pew Research Center; Pew Research Center. https://www.pewresearch.org/fact-tank/2019/12/06/10-facts-about-atheists/

McCormick, M. (n.d.). *Atheism.* Internet Encyclopedia of Philosophy. https://iep.utm.edu/atheism/

Melton, J. G. (2022, May 27). *Scientology: Definition, beliefs, and history.* Encyclopedia Britannica. https://www.britannica.com/topic/Scientology#ref215791

Murray, L. (2017, June 26). *Eid al-Fitr.* Encyclopedia Britannica. https://www.britannica.com/story/eid-al-fitr

National Geographic Society. (2022, May 20). *Confucianism*. Education.nationalgeographic.org. https://education.nationalgeographic.org/resource/confucianism/

National Geographic Society. (2023, January 31). *Taoism*. Education.nationalgeographic.org. https://education.nationalgeographic.org/resource/taoism/

Nielsen, K. E. (2019). *Atheism.* In Encyclopedia Britannica. https://www.britannica.com/topic/atheism/Comprehensive-definition-of-atheism

Reference.com Staff Writer. (2014). *What are the major holidays of Confucianism?* Reference. https://www.reference.com/world-view/major-holidays-confucianism-158baed60134af0a

ScienceDirect. (2011). *Confucius - an overview.* Www.sciencedirect.com. https://www.sciencedirect.com/topics/psychology/confucius#:~:text=Within%20Confucianism%20there%20are%20five

Scientology. (1 C.E.a, January 1). *Religious ceremonies, Sunday services, wedding, funerals and naming services.* Official Church of Scientology. https://www.scientology.org/what-is-scientology/scientology-religious-ceremonies/

Scientology. (1 C.E.b, January 1). *Religious holidays & international celebrations.* Official Church of Scientology. https://www.scientology.org/faq/inside-a-church-of-scientology/scientology-religious-holidays.html

Strickmann, M., Seidel, A., & Ames, R. T. (2022, November 11). *Daoism - symbolism and mythology.* Encyclopedia Britannica. https://www.britannica.com/topic/Daoism/Symbolism-and-mythology

Taoism Facts. (n.d.). *Holidays and festivals.* Taoism. https://taoismfacts.weebly.com/holidays-and-festivals.html

University of Bolton. (n.d.). *Islamic festivals and holy days.* Www.bolton.ac.uk. https://www.bolton.ac.uk/Chaplaincy/Worldviews/Festivals/IslamicFestivals.aspx#gsc.tab=0

Weiming, T. (2018). *Confucianism.* In Encyclopedia Britannica. https://www.britannica.com/topic/Confucianism

Milton Keynes UK
Ingram Content Group UK Ltd.
UKHW022331030324
438776UK00014B/2272